DERECHO Y SOCIEDAD
La legislación de hidrocarburos en América Latina

Gustavo Tarre Briceño, es abogado, egresado de la Universidad Central de Venezuela, 1969. Cursó posgrado en la Universidad de París II y en el Instituto Internacional de Administración Pública de París (1971-1973). Fue presidente de las comisiones parlamentarias de Energía y Minas, Finanzas y Política Interior. También fue miembro de la Comisión Presidencial para la Reforma del Estado (Copre) durante 10 años. Actualmente es Senior Associate en el Center for Strategic and Intenational Studies, en la ciudad de Washington, y profesor invitado en la Graduate School of Political Management en la George Washington University. Es autor de *El espejo roto* y de *Solo el poder detiene al poder. La teoría de la separación de poderes y su aplicación en Venezuela.* Ha publicado la novela *Luisa y Cristóbal.*

Ramón José Medina es abogado, egresado de la Universidad Católica Andrés Bello, 1975. Realizó estudios de especialización en Derecho Mercantil en la Universidad Central de Venezuela (1978 y 1979). Fue profesor de la Cátedra de Derecho Procesal Civil en la Universidad Católica Andrés Bello (1976-1980). Fue diputado al Congreso Nacional entre 1988 y 1999. Miembro del Parlamento Latinoamericano (Parlatino). Diputado a la Asamblea Nacional (2000-2005). Fue presidente de la Comisión Permanente de Energía y Minas de la Cámara de Diputados del Congreso Nacional. Miembro del Consejo de Energía de los Estados Unidos (1991-2005). Presidente de la Comisión Especial para el Estudios de las Empresas Básicas de Guayana del Congreso Nacional. Miembro de la Comisión de Minería y Energía del Parlamento Latinoamericano (Parlatino). Miembro fundador y director de la Asociación Iberoamericana de Derecho de la Información y de la Comunicación Aidic. Ha sido columnista del periódico *El Nacional.*

Ramón José Medina y
Gustavo Tarre Briceño

DERECHO Y SOCIEDAD
La legislación de hidrocarburos en América Latina

Coordinadores:
Ramón Espinasa **y** Carlos G. Sucre

Prólogo:
Gustavo Roosen

LA HOJA DEL NORTE

Catalogación en la fuente proporcionada por la Biblioteca Felipe Herrera del Banco Interamericano de Desarrollo

Espinasa, Ramón.

La ley y los hidrocarburos: comparación de marcos legales en América Latina y el Caribe / Ramón Espinasa, Ramón Medina, Gustavo Tarre.

p. cm. — (Monografía del BID; 480).

Incluye referencias bibliográficas.

1. Hydrocarbons-Law and legislation-Latin America. 2. Petroleum Law and legislation-Latin America. 3. Natural gas-Law and legislation-Latin America. I. Medina, Ramón. II. Tarre, Gustavo. III. Banco Interamericano de Desarrollo. División de Energía. IV. Título. V. Serie.

IDB-MG-480.

Clasificaciones JEL: Q35; Q38; K34.

Palabras clave: hidrocarburos, marco legal, leyes, Brasil, Colombia, México, Venezuela.

DERECHO Y SOCIEDAD.
La legislación de hidrocarburos en América Latina

Primera edición en La Hoja del Norte, 2017

© Editorial Dahbar
© De la presente edición, Cyngular Asesoría 357, C.A.
© Banco Interamericano de Desarrollo

Corrección de pruebas:
Carlos González Nieto

Diseño de portada: Jaime Cruz

Depósito legal: DC2017001489
ISBN: 978-980-425-011-8

ÍNDICE

La legislación secundaria

Agradecimiento

Los autores queremos expresar nuestro más hondo agradecimiento a Ramón Espinasa y Carlos G. Sucre, por su invaluable tarea como coordinadores de este trabajo. Sin su apoyo constante, que convirtió este aporte en una aventura del conocimiento, no hubiéramos podido llegar a buen puerto. También valoramos el esfuerzo de Oscar Moreán, Humberto Romero Carrillo y María Dolores Vallenilla, por su apoyo en la investigación y revisión de la información presentada.

Prólogo

Gustavo Roosen

Un buen libro es aquel que abre espacios a la reflexión, anima a establecer conexiones, estimula el desarrollo de nuevas ideas y alienta su discusión. *Derecho y sociedad. La legislación de hidrocarburos en América Latina* es uno de esos.

Construido sobre la base de un análisis comparativo de textos legales relativos al desarrollo de la industria de los hidrocarburos en cuatro países latinoamericanos –Brasil, Colombia, México y Venezuela–, los autores abren la posibilidad de discusión sobre temas de tantas consecuencias para la economía y el desarrollo como los de las relaciones entre recurso natural y proceso industrial, propiedad y manejo del recurso, renta y riqueza, extracción y elaboración, materia prima y tecnología, legislación y gobernanza, sistemas abiertos y cerrados.

Planteado por definición como un estudio comparativo, esta investigación reivindica el valor de esa forma de aproximación a la verdad que es la comparación, esa oportunidad de ganancia que se deriva de la posibilidad de verse en el otro, de aprender del otro, de entenderlo, de mirar con distancia y juicio crítico su historia y la propia, de contrastar realidades, poner luz en semejanzas y diferencias y acercarse a una explicación de las ideas y posturas legales predominantes en cada tiempo y lugar y de sus consecuencias en el desarrollo social y económico. ¿Por qué las leyes cambian, en una misma materia, de un tiempo a otro, de un país a otro y con cuáles consecuencias? ¿Es posible pensar que la integración regional podría conducir a la armonización del derecho entre los socios como parecen sugerir los autores cuando dicen que "el derecho comparado sirve para perfeccionar el derecho positivo de cada país, pero también ayuda, para un futuro que no debería ser muy lejano y dentro de las metas de integración regional, a armonizar el derecho"?

Esta investigación tiene la enorme virtud de ofrecer, íntimamente imbricadas, las visiones del experto en los aspectos jurídicos, políticos y sociológicos y del experto en los aspectos económicos de la industria de la energía. A propósito de esta doble visión, inquieta comprobar la distancia entre la aspiración que reflejan las leyes y las oportunidades reales que abren o cierran, producto en buena medida de la comprensión de la naturaleza y dinámica de los fenómenos económicos y de los intereses de los actores o, al contrario, de su desajuste. El análisis comparativo de la evolución del marco legal dado en los cuatro países y de su efecto en el desarrollo de la industria de los hidrocarburos pone en evidencia una relación entre perspectiva legal y perspectiva de negocio, relación que ha pasado por momentos de mayor aproximación o de franco desacuerdo, con el resultado de mayor o menor desarrollo, mayor o menor provecho real para los actores.

La evolución de los sistemas legales no sería completa si no viniera acompañada del análisis de los resultados de su aplicación, de su pertinencia y de su adecuación a la actividad que busca regular, así como de su grado de flexibilidad y de su capacidad para atender las nuevas circunstancias y las nuevas realidades de un negocio marcado por los avances en materia de tecnología, las exigencias de la demanda, las presiones de la competencia, la dinámica de la economía y, cada vez más, las consideraciones de orden ambiental.

Resulta aleccionador comprobar cómo las diferentes aproximaciones o decisiones legislativas responden tanto a posiciones ideológicas y políticas, marcadas por una determinada visión del país y el peso de conceptos como soberanía, propiedad privada y estatal, como a consideraciones que atienden la particularidad del negocio de los hidrocarburos, su viabilidad y los verdaderos intereses del país, reducidos unas veces al concepto de renta y ampliados en otras al de desarrollo. No es extraño entonces encontrar desarrollos legales que atienden más al corto plazo en términos de renta que al largo plazo en términos de desarrollo, al presente en términos de ingreso y reparto que al futuro en términos de ahorro e inversión.

El análisis histórico permite ver cómo se explican o justifican en cada momento las leyes, las políticas públicas y el comportamiento real de los actores, pero también cómo se repiten algunas constantes como la flexibilidad y la capacidad de rectificación en algunos casos y, en otros, por contraste, la rigidez y la insistencia en posturas que frenan más que estimulan, sin contar con esa otra funesta deformación que es la discrecionalidad en la aplicación de la ley, usada como instrumento arbitrario de control. Rigidez en la concepción de los instrumentos legales y arbitrariedad en su aplicación hacen siempre una suma de resultado negativo. Lo observan muy bien los autores cuando concluyen que "la época dorada de los esquemas fiscales rígidos, basados en elevadas regalías o cargas económicas fijas, convenientemente ajenas a la rentabilidad de los proyectos de hidrocarburos, luce acabada".

Entre los factores que explican la evolución de los sistemas legales aplicados a la industria de los hidrocarburos y que justifican los llamados a una mayor flexibilidad en función de su naturaleza están el desarrollo de la tecnología y el comportamiento de la inversión. Sería superfluo tratar de probar de qué manera los avances tecnológicos han transformado el mundo de la energía y las industrias a él vinculadas. Más atrevido todavía sería adelantar los nuevos avances y sus incalculables consecuencias. El comentario del ex presidente de Ecopetrol Isaac Yanovich, citado en el libro, es claro en este punto: "De lo que sí estamos seguros es de que las empresas que no sean capaces de adaptar su oferta por fuente y geografía, que no puedan generar tecnología propia, ofrecer servicios energéticos sofisticados o integrarse con negocios afines y complementarios, estarán condenadas a languidecer o desaparecer". En consecuencia, tanto para los estados como las empresas es válido recordar que el desconocimiento del avance tecnológico, o el retraso en sumarse a él, solo puede traducirse en pérdida de oportunidad, de capacidad y de competitividad.

Algo parecido sucede con las inversiones y con las condiciones necesarias para atraerlas. Ocurre lo que se da también con el saber hacer y con el talento. El temor o la resistencia al extranjero han privado a los pueblos de la posibilidad de enriquecerse, de adquirir saber y saber hacer. Mientras las naciones que crecen han captado tecnología y talento, las atrasadas han puesto obstáculos a su participación. Allí radica una sustancial diferencia.

Poco habría que añadir a las conclusiones a las que llegan los autores, pero resulta inevitable marcar una pausa para insistir en un concepto que las explica de manera global y determinante. Se trata del concepto de sistemas abiertos y cerrados, aplicado en el libro a los hidrocarburos, pero vital para explicarse las diferencias entre países que progresan y países que se estancan, entre culturas que se enriquecen con la diversidad y la participación de otros y culturas que se anquilosan, se limitan y se aíslan en su autocomplacencia. Pensando solo en el mundo de los hidrocarburos, Ramón José Medina y Gustavo Tarre Briceño son determinantes al marcar la diferencia: "Los modelos 'abiertos' establecen un marco regulatorio propicio a la inversión privada, el escrutinio público a la actividad petrolera y entes reguladores independientes, así como reglas de operación sólidas, confiables y estables. Los modelos 'cerrados' traen consigo monopolios estatales, una muy amplia discrecionalidad en la fijación y ejecución de políticas, el hermetismo sobre el desempeño de la actividad petrolera y reglas de juego muy inestables".

El libro da para muchas otras reflexiones. Imposible no pensar, por ejemplo, en la correlación entre incrementos en el precio del petróleo y disminución de las garantías democráticas e incremento de tendencias autoritarias. Cuando se domina la renta, parece hubieran concluido los gobiernos autoritarios, se domina el poder, se puede comprar o pagar la adhesión o la sumisión. El periodista norteamericano Thomas L. Friedman, citado por los autores, habla precisamente de un factor adicional que denomina la "Primera Ley de Petropolítica" y establece una "correlación entre los grandes incrementos de los precios del petróleo y la disminución de las garantías democráticas y el incremento de las tendencias autoritarias".

Nunca será demasiado repetir lo que en este libro parece muy claro y se afirma en la conciencia de muchos. Es la idea de que la ganancia para un país con abundantes recursos de hidrocarburos no puede circunscribirse solo a los ingresos que genera su explotación traducidos en términos de renta. Se ha hecho un enorme daño a la sociedad cuando se ha pensado más en el simple ingreso –para el reparto o el gasto público– que en la generación de riqueza, en las oportunidades de desarrollo de la propia industria petrolera que, simultáneamente a su empuje, de la economía nacional. Hacerlo requiere una más ajustada visión del negocio y del largo plazo. La clave no está en el subsuelo. Está en la tecnología, la inversión, el mercado. El libro es un recordatorio para no olvidarlo.

Escrito por dos hombres de leyes con experiencia legislativa, el lector podría encontrar el acento particular de cada uno en los textos, pero tendrá sobre todo la sensación de solidez, consistencia interna y unidad que derivan de un trabajo de investigación y de reflexión madurado con la experiencia. Los estudiosos del tema tienen razones para estar agradecidos con Ramón José Medina y Gustavo Tarre Briceño. Y también con el BID, patrocinante de la investigación y de la producción del libro, bajo la coordinación de los economistas Ramón Espinasa (Coordinador General, Iniciativa para el Sector Extractivo) y Carlos G. Sucre (Consultor, Iniciativa para el Sector Extractivo).

Introducción

El rol del petróleo y del gas en la economía mundial

Por casi todo el siglo XX y lo que va del siglo XXI, el petróleo ha sido un elemento esencial de la economía mundial. El petróleo representa 41% del consumo global de energía[1], y a partir de ese uso, el mundo no solo deriva gasolina, diésel y químicos, sino también plásticos, medicinas, llantas, ropas y zapatos, sistemas de riego y fertilizantes, maquillajes y champú, anteojos, sillas, lámparas y hasta juguetes[2]. Es un bien de consumo diario —incluso si no se usa un automóvil— y uno de los pilares que sostienen la economía moderna: se estima que el reciente declive de 50% en el precio del crudo ha producido un aumento en la tasa global de crecimiento económico de entre 0,16 y 0,37 puntos porcentuales (FMI. 2015a; 2015b). Ninguna otra fuente energética puede mover la economía global en niveles cercanos a esos.

Varios son los factores que inciden sobre el volumen y el precio de los hidrocarburos que se producen y se consumen en el mundo: el monto de la inversión en exploración y explotación, la cuantía y el agotamiento de las reservas, las crisis políticas y económicas en los países productores de petróleo, la generación de nuevas tecnologías y muchos otros, entre los que destaca la forma en que los Estados regulan la economía petrolera y gasífera.

---

1   Véase el enlace http://www.iadb.org/en/topics/energy/energy-database/energy-database,19144. html?view=v11.

2   Véase el enlace http://www.jsg.utexas.edu/sjvrocks/files/Whats-Made-From-Crude-Oil.doc.

La posibilidad de desarrollo de fuentes de energía sustitutivas que desplacen a los hidrocarburos siempre ha estado presente. Sin desconocer la importancia de las nuevas fuentes de energía y los acuerdos a los que han llegado los principales países del mundo en la búsqueda de energías "limpias", el desplazamiento se está cumpliendo de manera lenta y todo parece indicar que no va a incrementarse de manera significativa, ni en el corto ni en el mediano plazo.

Lo que sí se mantiene en constante progreso es el surgimiento de formas novedosas de explorar, producir y transportar los hidrocarburos. Adelantos tecnológicos tales como la explotación del petróleo y gas en formaciones de lutitas, de las arenas petrolíferas, de los petróleos extrapesados o la exploración y producción petrolera en aguas ultraprofundas, tienen alta incidencia en el desarrollo de la industria.

Diferentes épocas han sido marcadas por circunstancias que muchas veces han tenido efectos que no fueron previstos. Piénsese en la cartelización, primero de las empresas productoras y luego de los países productores. América Latina ha presenciado notables cambios cuando el petróleo ha sido utilizado como instrumento político.

Para el inicio de 2016 se presentan, o terminan de concretarse, circunstancias novedosas e interrelacionadas. La más importante de ellas es la caída del precio del petróleo: los altos volúmenes de producción y la reducción del consumo traen como consecuencia lógica la disminución de los precios. ¿Por qué cae el consumo? Son varias las causas, pero cabe destacar el descenso en el ritmo de crecimiento de las economías en desarrollo, particularmente China. La crisis económica europea mantiene a varios países en recesión, mientras que aquellos que se recuperan lo hacen de manera lenta. Además, se observa un incremento en el uso eficiente de energía, principalmente en los países más desarrollados.

Para poder comprender estos cambios en la actividad petrolera debemos realizar un estudio de los marcos jurídicos nacionales e internacionales, precisamente porque la manera en que los diferentes países productores regulan la materia de hidrocarburos es también un factor de alta incidencia en la producción de petróleo y gas. Como han señalado Balza y Espinasa (2015), cuando se produce un cambio de política en materia de hidrocarburos, creando mayor control gubernamental, ello trae como consecuencia una desmejora en la producción nacional.

Este estudio tiene como objeto comparar los marcos regulatorios de América Latina, centrándose en Brasil, Colombia, México y Venezuela, con la finalidad de comprender cómo afectan el panorama petrolero.

Los marcos regulatorios

El derecho regula todo lo relativo a la exploración, la explotación, la refinación, el transporte, el almacenamiento, la distribución y la venta del petróleo, de los productos que se obtienen de su refinación y del gas. Evidentemente, esta regulación jurídica es producto de una definición previa de políticas públicas que suponen, para su consagración legal, una fuerza política que abarca desde la modificación constitucional hasta la más pequeña regulación administrativa. Esta formulación y ejecución de las políticas públicas debe realizarse dentro de un marco jurídico preexistente y supone, a la vez, la sanción de nuevas normas, que se expresan de manera secuencial en planes, programas, proyectos y gestión administrativa.

Existen una política petrolera (y gasífera) y un orden normativo que la permite y que a su vez genera nuevas regulaciones. La cuestión jurídica y legal es uno de los puntos vitales para garantizar la viabilidad económica de cualquier proyecto energético. Constituye la base de todo emprendimiento, estableciendo las reglas del juego, fijando los derechos y obligaciones de cada parte implicada en las operaciones, las regalías e impuestos a pagar, los plazos de ejecución, los porcentajes de participación societaria y muchas otros aspectos relacionados con la exploración y explotación en el campo petrolero y gasífero.

Los marcos regulatorios existentes en América Latina son sustancialmente diferentes del marco estadounidense. El punto de partida de esta diferencia es la propiedad del subsuelo, que en toda la América hispana y portuguesa pertenece por herencia colonial al Estado. En cambio, en Estados Unidos la propiedad recae sobre los particulares, y además se producen marcadas diferencias entre los estados que conforman la Unión. Dicho esto, los propios Estados latinoamericanos tienen, en su regulación de los hidrocarburos, importantes disimilitudes entre sí.

Sin pretender entrar en la discusión filosófica sobre la relación entre derecho e historia, ni mucho menos negar la inmanencia de un derecho natural, es obvio que los países presentan diferentes evoluciones históricas que se vinculan con reglas jurídicas diversas, que también son producto de variadas posiciones ideológicas y agendas políticas. Los diferentes ordenamientos jurídicos llevan la impronta de las evoluciones sociales, políticas, económicas y tecnológicas. Se ven marcados por crisis, guerras y revoluciones. Las normas que señalan lo que puede y lo que no puede hacerse siguen, paso por paso, esas evoluciones, y en la medida en que surgen nuevas realidades se hacen necesarias nuevas normas.

A ello se agrega el hecho de que cada país tiene un volumen de reservas y de producción distinto, lo que trae consigo importantes variaciones vinculadas al peso que tienen los hidrocarburos en cada economía.

Brasil, Colombia, México y Venezuela

Nuestro estudio se circunscribe a cuatro de los nueve países productores de petróleo de América Latina: Brasil, Colombia, México y Venezuela. Son estos los de mayor producción y detentan, además, el 20% de las reservas petroleras mundiales, mayoritariamente en Venezuela. Cada uno de ellos presenta un marco regulatorio con características propias, marcado por su respectiva evolución histórica, por peculiares visiones en cuanto a la conveniencia nacional y por diferentes visiones ideológicas, en particular en lo que concierne al rol del Estado.

Toda escogencia es arbitraria y con mucha legitimidad podrá criticarse lo limitado de esta selección. Sin pretender descartar lo bien fundado de cualquier crítica, la limitación se hizo por las siguientes razones:

En Venezuela el petróleo es el elemento básico de la economía.

México y Venezuela fueron, durante buena parte del siglo XX y lo que va del XXI, grandes países productores. Colombia y Brasil, por el contrario, son actores nuevos en comparación.

En los cuatro países se han ensayado una gran variedad de modelos regulatorios. Las diferencias no son solo entre países sino entre épocas históricas.

Solo Brasil y Colombia adoptaron marcos regulatorios para permitir la participación de la inversión privada y han aumentado su producción de manera consistente. México cambió muy recientemente su ordenamiento jurídico petrolero y aún no puede saberse qué incidencia tendrá en la producción, y en Venezuela, a pesar de su altísimo potencial, los esquemas no estatales están prácticamente cerrados y su producción estancada.

La evolución de estas cuatro naciones, en diferentes etapas de su desempeño, constituye una excelente muestra de las diferentes aproximaciones al manejo de la industria petrolera.

En América Latina, como ya se dijo, existe una constante jurídica: el Estado es el propietario del subsuelo, pero puede observarse la existencia de dos grandes tendencias que se diferencian en cuanto a cómo se manejan la actividad petrolera, la inversión y la producción.

La primera de ellas, que denominaremos "el modelo cerrado", tiene por característica esencial un muy marcado control del Estado y el manejo monopólico de los hidrocarburos por una compañía operadora estatal. El modelo cerrado posee amplias y discrecionales facultades concedidas al Poder Ejecutivo en la disposición de los recursos que se generan y en el cómo se maneja la operadora. El segundo grupo, que llamamos "modelo abierto", ha ido conformando un marco jurídico adecuado para la inversión privada, que compite con la empresa pública, cuyo manejo es cada vez más transparente. En los países con modelo abierto existen agencias regulatorias independientes.

Nuevas tecnologías

Se han presentado y se presentan constantes avances tecnológicos que han permitido, durante décadas, no solo incrementar la explotación de las provincias petroleras existentes, sino también descubrir y desarrollar recursos de hidrocarburos que antes no eran económica o técnicamente accesibles.

Las nuevas tecnologías en materia de exploración, producción y descubrimiento de inmensos recursos de gas no convencional o de lutitas conducen a nuevas situaciones, en las que el gas natural podría reemplazar al petróleo en áreas tan importantes como la generación de electricidad (BID, 2013; 2015a; 2015b).

A ello agregamos que en la última década se ha incrementado sustancialmente la producción de gas natural convencional, como consecuencia de los cambios tecnológicos en la extracción y licuefacción y por su condición de "energía limpia".

No es aventurado adelantar que los marcos jurídicos serán un elemento clave en el dibujo de este nuevo orden energético que se perfila. Es evidente además que existe una estrecha correlación entre la seguridad del abastecimiento por parte de los países tradicionalmente productores y los precios de los hidrocarburos, cuyo incremento abre las puertas de las nuevas tecnologías.

Reglas de juego claras y seguridad jurídica

Una cualidad esencial del marco jurídico es la certeza en cuanto a su contenido y a su estabilidad. Se debe buscar generar confianza en el administrado, y sobre los potenciales inversionistas, en cuanto al derecho en el momento actual y sobre lo que será en el futuro. Se trata de establecer un clima de confianza en el orden jurídico, fundado en pautas razonables de previsibilidad.

Debe entenderse la seguridad jurídica como certeza o conocimiento de la legalidad, y, por tanto, como previsibilidad de las consecuencias jurídicas que se puedan derivar de una determinada actuación. Esta certeza es entendida como conocimiento cierto del ordenamiento jurídico aplicable y de los intereses que jurídicamente se protegen (Martínez Roldán y Fernández Suárez, 1997: 203).

En el mundo económico, la seguridad jurídica se vincula con los incentivos para invertir y reinvertir. Si las inversiones requieren lapsos prolongados para ser viables, como ocurre en materia de hidrocarburos, la necesidad de reglas de juego estables y fiables es aún mayor. El planteamiento es válido tanto para la inversión internacional como para la inversión local. Si no hay seguridad jurídica disminuyen los incentivos para las inversiones, lo que conduce al estancamiento económico tanto a nivel nacional como a nivel de las empresas. La evaluación de la situación de la seguridad jurídica en cada país es un elemento esencial de la planificación estratégica en el mediano y el largo plazo. La incertidumbre encarece el retorno que los financiadores exigen a las inversiones.

Sin embargo, debe quedar claro que el principio de seguridad no puede erigirse en valor absoluto. No se trata de congelar el ordenamiento jurídico. Este debe responder a la realidad política, social y económica de cada país y de cada hora. La realidad conduce a cambios en los marcos regulatorios de cualquier actividad. Pero debe existir una expectativa razonablemente fundada del ciudadano (y del inversionista) en la estabilidad y coherencia de las políticas públicas que determinan cuál ha de ser la evolución de las normas, la actuación del Estado en la aplicación del derecho. Además, debe haber claridad en los textos legales y no una confusión normativa.

¿Cómo se establece la seguridad jurídica? Evidentemente, ni se decreta ni surge de la noche a la mañana. Se requiere, en primer lugar, su consagración legal. Normalmente, la seguridad jurídica, por tratarse de un concepto multívoco, con una importante dosis de indefinición y de imprecisión, no suele consagrarse en un artículo único de la Constitución. Como lo ha afirmado el Tribunal Constitucional de España, en el derecho constitucional la seguridad jurídica viene a constituir la suma de otros principios del Estado de derecho, tales como la interdicción de la arbitrariedad, la publicidad y la jerarquía de las normas, la irretroactividad de lo no favorable, con la finalidad de lograr un equilibrio que permita promover, en el orden jurídico, la justicia y la igualdad en un marco de libertad.

Pero no se trata solamente de los textos legales. La seguridad jurídica solo existe si las leyes se cumplen de manera regular. En la América Latina hemos observado una larga tradición de inobservancia de la ley y, en muchos países y durante largas etapas históricas, la seguridad jurídica que se desprende del texto constitucional no existió o no existe en la realidad. Se trata de las llamadas "constituciones de papel" cuya vigencia real era (es) en mayor o menor grado inexistente. Volveremos sobre este tema, pero adelantamos que Colombia, Brasil y México han logrado transmitir cierta confianza en el efectivo cumplimiento de su orden jurídico.

Incidencia de los marcos regulatorios en la inversión y en la producción

De lo antes dicho se desprende que los sistemas jurídico-petroleros tienen una incidencia directa en los volúmenes de inversión y, en consecuencia, en la producción de hidrocarburos.

La distinción entre "modelos abiertos" y "modelos cerrados" entraña una muy marcada relación con la inversión. Es evidente que un país puede asignar recursos públicos al sector petrolero en función de sus objetivos nacionales y de su planificación económica. Pero, si se trata de atraer capitales y tecnología extranjera, el marco regulatorio y la confianza en la seguridad de la inversión se vuelven algo esencial.

Balza y Espinasa (2015) han constatado que, en la reciente etapa de precios petroleros altos, tres países de América Latina, Brasil, Colombia y Perú, lograron aumentar su inversión y consecuencialmente su producción. Paradójicamente, Venezuela, Argentina, Ecuador y México presenciaron un decrecimiento. Los autores afirman que la explicación se halla en la especificidad del marco institucional vigente en cada nación: en el primer grupo gobierna la apertura del sector a la inversión privada, el escrutinio público, la existencia de un organismo regulador independiente y de reglas de operación sólidas. En cambio, en el segundo conglomerado han tenido cabida el monopolio estatal, la discrecionalidad del ente público en la gestión empresarial y el hermetismo sobre el desempeño.

La industria de los hidrocarburos requiere una muy alta inversión y tecnologías muy avanzadas. Ningún país de América Latina tiene los recursos financieros ni domina enteramente las tecnologías requeridas. Se necesita entonces buscar la presencia de las grandes compañías transnacionales y estas, a la hora de invertir, contemplan numerosas variables, entre las que sobresalen el rendimiento que se espera, el riesgo aceptado (vinculado a las probabilidades de obtener el rendimiento esperado) y el horizonte temporal, que en la materia que nos ocupa es siempre largo. Básicamente valoran no solo las normas jurídicas sancionadas sino fundamentalmente su efectiva vigencia y su estabilidad en el tiempo.

Importancia y utilidad del derecho comparado

Las constituciones de los países que nos ocupan señalan, a veces de manera escueta, otras veces con detalle, los principios generales a los que se subordina cada ordenamiento jurídico-petrolero. Luego vienen la legislación secundaria, las regulaciones de rango sublegal, así como la jurisprudencia de los tribunales, los tratados internacionales y otras normas nacionales, regionales y locales que inciden en este campo.

Lo que vamos a comparar son las diferentes maneras de organizar el Estado, de regular la administración pública, el ejercicio de la función administrativa y las relaciones entre los diversos entes públicos (centralizados y descentralizados), así como también la participación de las empresas privadas en el negocio petrolero, sobre todo por la vía contractual (Brewer-Carías, 2015).

El estudio propuesto consiste en una investigación analítica, crítica y comparativa que busque descubrir las semejanzas y diferencias entre los sistemas jurídicos de Brasil, Colombia, México y Venezuela. Se tratará de confrontar los sistemas jurídico-petroleros de estos países, para determinar lo que hay de común y las diferencias, y de determinar tanto sus causas como sus consecuencias. Vamos a aplicar el método comparativo al estudio de las instituciones, de la legislación en sus diferentes niveles, de la confrontación entre normas y realidades, así como también la jurisprudencia de los tribunales nacionales e internacionales.

Este estudio de derecho comparado busca, como hemos dicho, determinar las notas comunes y las diferencias que existen entre los distintos ordenamientos. Busca analizar los efectos de las normas y derivar de tal examen conclusiones sobre la evolución de las instituciones o sistemas y criterios para su perfeccionamiento y reforma. De esta manera, el derecho comparado sirve para perfeccionar el derecho positivo de cada país, pero también ayuda, para un futuro que no debería ser muy lejano y dentro de las metas de integración regional, a armonizar el derecho.

Por último, el derecho comparado cumple también una función creadora y constructiva (Loynes de Fumichon, 2013): no se trata solo de estudiar el Derecho que "es" (derecho positivo vigente en un país determinado) sino también el Derecho que "puede" o "podría ser". Buscamos no solo el estudio del derecho que existe sino también las reformas que puedan presentarse a la luz de la experiencia internacional. No proponemos copiar leyes e instituciones sino estudiar el Derecho y la realidad de distintas naciones para aprovechar, con mucha prudencia, la experiencia ajena y, tomando en cuenta las diferencias, adoptar los éxitos que sean adoptables y convenientes.

Evolución histórica, ideologías y política

El legado de la historia

El Derecho no surge de la nada. Las instituciones y las normas son producto de muchas causas, pero tiene especial importancia el pasado para comprender por qué aparecen unas regulaciones y no otras. "La historia importa", decía Douglass North (1990), ya que, para el Premio Nobel de Economía de 1993, el presente y el futuro se conectan por la continuidad de las instituciones. Pequeños y tempranos cambios pueden tener implicaciones muy grandes en etapas ulteriores, y determinados rumbos de desarrollo, una vez asumidos, son casi imposibles de revertir. Las relaciones económicas tienen que estudiarse dentro del ámbito institucional en el cual se llevan a cabo (Jacobsen, 2006).

No es ocioso entonces, en un estudio sobre el marco regulatorio de la actividad petrolera en América Latina, ver de dónde venimos para saber dónde estamos y hacia dónde vamos.

Desde finales del siglo XVIII y con el inicio del siglo XIX muchos síntomas anuncian una crisis del orden colonial español y portugués. En 1808 tanto España como Portugal son invadidos por Napoleón Bonaparte y esa guerra da lugar a una serie de rupturas. En los virreinatos de Nueva Granada y Nueva España y en la Capitanía General de Venezuela la crisis política, producto de la ocupación francesa y de la caída de Fernando VII, conduce a las guerras de independencia. En Brasil la Corte de Lisboa se traslada a Río de Janeiro, donde permanece desde 1807 hasta 1821. En 1822, Pedro, hijo del Rey de Portugal, quien quedara como regente en Brasil, declara la independencia. Al finalizar el primer cuarto del siglo XIX, Venezuela y Colombia, por una parte, y México, por la otra, han consolidado su independencia con la derrota militar del poder colonial.

¿Qué nos interesa destacar de la historia de los cuatro países antes de que el petróleo tuviese un uso comercial?

Siguen, en unas breves pinceladas, un conjunto de consideraciones históricas que tienen directa o indirecta incidencia en el tema que nos interesa.

Las sociedades que se independizan de España y de Portugal se formaron y vivieron en el seno de monarquías patrimoniales y eran, por lo tanto, sociedades monárquicas "en condición colonial" (Carrera Damas, 2010: 49). Las nuevas repúblicas americanas diseñaron una nueva estructura de poder y la república sustituyó a la monarquía[3]. Pero en el orden jurídico-social presenciamos una continuidad. Se sancionan nuevas constituciones que representan una ruptura radical con España, pero la independencia no fue un corte total y absoluto con el pasado, con sus instituciones y con sus formas jurídicas de menor rango.

Así como la experiencia colonial en cuanto al ejercicio limitado del poder dejó un legado importantísimo en el norte del continente, no ocurrió lo mismo con las instituciones españolas y portuguesas en la América meridional. Los sistemas imperantes, con sus consejos, reinos, virreinatos, capitanías generales e in- tendencias, no brindaron una práctica sólida para instaurar ni Estados fuertes ni gobiernos sometidos a la ley. El orden jurídico español y portugués en América tuvo, además, una característica especial: las metrópolis coloniales, separadas por miles de kilómetros de las realidades que pretendían normar, dictaban leyes, pragmáticas y reales cédulas que se alejaban tanto de las

---

3   La república se proclamó en Brasil en 1889; México conoció dos breves períodos monárquicos en 1822-1823 y entre 1864 y 1867.

realidades, que provocaron el surgimiento de una respuesta: "Se acata pero no se cumple", insólita manifestación del rechazo a la norma basado en una realidad reacia a imposiciones y trasplantes. Mientras que el *common law* llevado de Inglaterra a las 13 colonias norteamericanas aseguraba un orden jurídico consustanciado con las realidades del nuevo continente, el Consejo de Indias y el Consejo Ultramarino, desde Sevilla y desde Lisboa, dictaban normas que no podían cumplirse por no adaptarse a condiciones sociales demasiado distintas. La inadecuación del orden jurídico a las realidades constituye una pesada herencia que queda sembrada en las sociedades latinoamericanas. Así, hemos presenciado un choque constante entre la realidad y la norma. Sabios legisladores y constituyentes han intentado domesticar una realidad rebelde que se resiste. Son las "constituciones de papel" y las "repúblicas aéreas"[4].

Durante los siglos XIX y XX, América Latina vivió una polémica entre legalismo, civilismo y Estado de derecho, por una parte, y autocracia y paternalismo por la otra. La gran mayoría de los intentos destinados a establecer un Estado de derecho se enfrentaron al personalismo y a la fuerza mesiánica de los caudillos. El poder fáctico ha tenido con frecuencia más fuerza que la ley. América Latina ha sido el escenario de una permanente lucha entre la libertad y el despotismo. Los largos períodos de dictadura militar oscurecen los escasos lapsos civilistas.

No ha existido, salvo cortas excepciones, la separación de poderes, los *checks and balances* tan claros a los colonos ingleses del norte como antídotos contra la tiranía. Hemos conocido una

---

4   En 1812, en el Manifiesto de Cartagena, Simón Bolívar definió las repúblicas aéreas como aquellas construidas sobre la base de lo ideal y no de lo posible, con "filósofos por jefes, filantropía por legislación, dialéctica por táctica, y sofistas por soldados". En 1862 Ferdinand Lasalle, jurista y sociólogo alemán, dictó dos conferencias intituladas *"Über Verfassungswesen"* o *"¿Qué es una Constitución?"*, en las que distinguió la Constitución real (aquella que se forma por lo que denominó los "factores de poder real", es decir, todos aquellos factores de poder que constituyen la realidad de una sociedad) y la Constitución de papel, ajena a la realidad y que no tiene vigencia efectiva.

concentración del poder en el Ejecutivo, parlamentos sumisos y jueces obsecuentes. El presidente ha ejercido un poder mesiánico ante el cual todos se doblegan. Para usar la expresión del Barón de Montesquieu, el poder no ha detenido al poder.

Las nuevas repúblicas no supieron escapar del sistema de dominación patrimonial que imperó en las colonias. La distinción entre el ámbito de lo público y el ámbito de lo privado no pudo establecerse de manera total, y muchas veces los cargos y los bienes se consideraron propiedad personal del gobernante de turno.

Realidad e ideología

Modernamente se entiende por ideología un sistema de valores, de ideas y conceptos adecuados a la acción social. Estas ideas y visiones del mundo al que se aspira han producido grandes movimientos sociales y políticos que pretendieron o pretenden transformar la sociedad. De una realidad de atraso y de pobreza, de subdesarrollo, de caudillos, de sometimiento a grandes potencias imperiales, han surgido en América Latina grandes aspiraciones. Podemos simplificarlas al extremo como se verá a continuación.

El liberalismo logró impregnar al subcontinente del ideal democrático. Al terminar el siglo XX se podía concluir, con legítimo optimismo, que América Latina había dado pasos indudables hacia la democracia, el Estado de derecho y el respeto de los derechos humanos. Las repúblicas ideadas por los libertadores parecían al alcance de la mano y los tiempos de las dictaduras militares y del autoritarismo solo parecían pertenecer al pasado.

La democracia dejó de ser el régimen de un puñado de países para cubrir la casi totalidad del subcontinente. Debe anotarse que el sistema de elecciones y de respeto por las libertades ciudadanas llegó a sociedades que mantenían niveles muy altos de pobreza y de desigualdad.

Pero si en el terreno de la política y de la forma de gobierno triunfó el liberalismo, no ocurrió así en el campo económico y social. El mercado, la libre competencia y un Estado que dejaba hacer y dejaba pasar no fueron del agrado de muchos de los conductores políticos latinoamericanos del siglo XX que habían aceptado, en mayor o menor grado, la democracia. Se pensaba, más bien, que el Estado debía encargarse de encauzar y controlar el desarrollo económico, promover el bienestar general e incluso asumir total o parcialmente el control de los medios de producción.

En América Latina la idea del Estado social de derecho cunde y, por razones de independencia, de nacionalismo y de soberanía, el Estado asume el manejo de sectores enteros de la economía.

Ya en la década de 1990 el liberalismo resurge bajo la forma del "neoliberalismo" y el paraguas del Consenso de Washington, y se asienta en varios países de la región. Parcialmente en respuesta a ese conjunto de políticas de mercado, emergen gobiernos de corte populista y socialista en otros países de la región.

El breve y simplificado esquema que antecede nos ayudará a comprender los contenidos ideológicos de las regulaciones que vamos a estudiar en Brasil, México y Venezuela, así como la diferente realidad colombiana.

El peso del petróleo

¿Qué importancia ha tenido el petróleo en la sociedad, en la economía y en la vida política de los países en estudio? La respuesta a esta pregunta tiene una incidencia directa en el marco jurídico que en el transcurso de algo más de un siglo se ha dictado para regular su explotación. Es muy probable que la Constitución y las leyes se vean influenciadas de una determinada manera cuando el petróleo se constituye en algo absolutamente esencial para la vida misma del país, como en el caso de Venezuela[5] y, en menor

---

5   El periodista norteamericano Thomas L. Friedman anota un factor adicional que denomina la Primera Ley de la Petropolítica, al establecer una correlación entre los grandes incrementos de los precios del petróleo y la disminución de las garantías democráticas y el incremento de las tendencias autoritarias ("The First Law of Petropolitics", en *Foreign Policy*, abril de 2004).

grado, de México. En Colombia, por el contrario, el petróleo no es un aspecto tan determinante. Paradójicamente, en Brasil el petróleo se convierte en un tema importante del debate político de los años cuarenta en adelante, no por su peso en la economía sino por su relativa carencia en un país que siempre ha aspirado a convertirse en una potencia mundial.

Antes de empezar el análisis caso por caso, recordemos que, para México, Venezuela y Colombia, la extensa tradición legal española, que se inició en el siglo XIII, estableció que la propiedad de las minas se atribuye a la Corona, mandato que fue repetido innumerables veces. Varios siglos más tarde, en las Ordenanzas para la Minería para la Nueva España, dictadas en 1783 por el rey Carlos III, el principio se vio ratificado, agregando: así como "cualquiera otros fósiles, ya sean metales perfectos o medio minerales, bitúmenes o jugos de la tierra". El estudio de la legislación colonial portuguesa conduce a una idéntica conclusión: las tres grandes recopilaciones de leyes de la Corona, Ordenações Afonsinas (1500-1515), Manuelinas (1515-1603) y Filipinas (1603) consagran, en líneas generales, la propiedad real sobre el subsuelo.

México[6]

Durante la dictadura del general Porfirio Díaz (1876-1880, 1884-1911) el país logró una importante estabilidad política y se tomaron medidas para salir del estancamiento económico. Se propició la inversión extranjera y en 1884 se modificó el marco jurídico minero, poniendo fin al derecho exclusivo del Estado sobre las riquezas del subsuelo, que fueron traspasadas al dueño de la superficie. En 1901 fue sancionada la primera ley petrolera y se autorizó al Poder Ejecutivo a otorgar concesiones de explotación a particulares en terrenos de propiedad federal.

---

6   Véanse, entre otros, Álvarez de la Borda (2005) y Soriano Deseusa (2014).

La producción petrolera importante se inició en México a principios de 1901 y tomó mayor fuerza en 1910. La primera exportación de petróleo se produjo en 1911. Para 1921, México era el segundo productor del mundo. A partir de ese año la producción empezó a declinar debido al agotamiento de los campos petroleros y a la caída internacional de los precios.

La Revolución mexicana se inició en 1910 y, aunque su programa era más político que económico, a partir de la presidencia de Francisco Madero, los gobiernos revolucionarios intentaron incrementar los impuestos a la explotación y refinación del petróleo. En 1917 fue sancionada una nueva Constitución en la que se consagró nuevamente el dominio de la nación sobre las riquezas del subsuelo, aunque su aplicación no fue retroactiva. La Revolución tuvo también importantes consecuencias en el mundo de las relaciones laborales, ya que los derechos de los trabajadores fueron extendidos, especialmente el derecho de huelga. En ese contexto adquirieron una importante presencia en México la Standard Oil of New Jersey y la Royal Dutch Shell. En 1925 una nueva ley petrolera amenazó los derechos de las compañías extranjeras, pero el presidente Plutarco Elías Calles, como consecuencia de las fuertes presiones del gobierno de Estados Unidos, llegó a un acuerdo con ellas, garantizándoles sus derechos adquiridos.

Entre 1922 y 1932 la producción petrolera mexicana cayó de 182 millones a 32 millones de barriles por año. Esta disminución se debió a la aparición de otras zonas de extracción, como Venezuela, lo que condujo a una caída de los precios.

Con el tiempo, la Revolución trajo consigo políticas nacionalistas y la convicción de que México tenía que asumir el derecho a sus recursos naturales. La década de 1930 fue escenario de largos y difíciles conflictos laborales entre las compañías extranjeras, que se negaban a acatar los mandatos de las autoridades judiciales, y sus trabajadores. Esto llevó al presidente Lázaro Cárdenas a decretar, el 18 de marzo de 1938, la expropiación de la industria petrolera, entre otras razones, para evitar la parálisis de la misma debido a los enfrentamientos entre las compañías y los trabajadores.

'Planteada así la única solución que tiene este problema, pido a la nación entera un respaldo moral y material suficiente para llevar a cabo una resolución tan justificada, tan trascendente y tan indispensable', dijo el presidente Cárdenas. Y luego agregó: 'Riqueza potencial de la nación; trabajo nativo pagado con exiguos salarios; exención de impuestos; privilegios económicos y tolerancia gubernamental, son los factores del auge de la industria del petróleo en México. Examinemos la obra social de las empresas: ¿en cuántos de los pueblos cercanos a las explotaciones petroleras hay un hospital, una escuela o un centro social, o una obra de aprovisionamiento o saneamiento de agua, o un campo deportivo, o una planta de luz, aunque fuera a base de los muchos millones de metros cúbicos del gas que desperdician las explotaciones?'.
'¿En cuál centro de actividad petrolífera, en cambio, no existe una policía privada destinada a salvaguardar intereses particulares, egoístas y algunas veces ilegales? De estas agrupaciones, autorizadas o no por el Gobierno, hay muchas historias de atropellos, de abusos y de asesinatos siempre en beneficio de las empresas. (...) ¿Quién no sabe o no conoce la diferencia irritante que norma la construcción de los campamentos de las compañías? Confort para el personal extranjero; mediocridad, miseria e insalubridad para los nacionales. Refrigeración y protección contra insectos para los primeros; indiferencia y abandono, médico y medicinas siempre regateadas para los segundos; salarios inferiores y trabajos rudos y agotantes para los nuestros'[7].

---

7   Discurso del Presidente Lázaro Cárdenas con motivo de la expropiación petrolera (Ciudad de México, Palacio Nacional, 18 de marzo de 1938).

El decreto de expropiación se fundamentó en dos consideraciones: la negativa de las empresas a acatar un fallo de la Junta de Conciliación y la ejecutoria de la Suprema Corte de Justicia, y la aplicación de la ley de expropiación basada en el artículo 27 de la Constitución, debido a que la suspensión total de actividades petroleras paralizaría los transportes e industria, lo cual produciría graves trastornos a la población.

El Gobierno había creado, en 1937, una organización que dependía directamente del Ejecutivo, la Administración General del Petróleo Nacional (AGPN), que se hizo cargo provisionalmente de los bienes expropiados a las compañías petroleras.

El 7 de junio de 1938, el Congreso de la Unión creó Petróleos Mexicanos (Pemex) y, como desarrollo de la norma constitucional de 1917, le otorgó el monopolio de la explotación y administración de los yacimientos de petróleo en el territorio mexicano.

La nacionalización del petróleo tuvo un masivo apoyo popular y contó con el respaldo de todos los sectores de la sociedad mexicana, aun los más conservadores. Hasta la Iglesia Católica, que para entonces rara vez coincidía con el Gobierno, se sumó con entusiasmo a la decisión de Cárdenas. Desde un ángulo geopolítico, Cárdenas aprovechó la oportunidad abierta por la inminencia de la Segunda Guerra Mundial y por la política del "buen vecino" instaurada por el presidente Franklin D. Roosevelt. La relación con el Reino Unido fue más difícil y se produjo una ruptura de las relaciones diplomáticas.

Los conflictos laborales continuaron hasta que, en 1942, se firmó el primer contrato colectivo de trabajo producto del acuerdo al que llegaron los sindicatos y Pemex. Este contrato contenía cláusulas muy avanzadas para la época, pues otorgaba a los trabajadores el derecho a servicios médicos, prestaciones en caso de enfermedades, accidentes o muerte, y jubilación. Pemex tuvo que enfrentar el bloqueo económico que las compañías petroleras impusieron a México luego de que el Gobierno expropió sus bienes. Las empresas expropiadas trataron también de impedir que los fabricantes de insumos para la industria petrolera abastecieran a Pemex. La indemnización de las compañías expropiadas se produjo luego de una larga negociación.

Este breve relato pone en evidencia dos factores que marcarán a México por décadas: el nacionalismo y la fortaleza de los sindicatos petroleros. Desde 1938 fue tomando cuerpo un dogma: el petróleo de México es de los mexicanos y debe ser manejado exclusivamente por ellos. Se llegó a considerar que el control estatal sobre la totalidad de la actividad petrolera formaba parte de la "identidad mexicana" y que la aceptación de cualquier presencia extranjera en ese campo lindaba con la traición a la patria.

Durante tres cuartos de siglo, Pemex evolucionó como una empresa dedicada principalmente al desarrollo del mercado interno y, con el tiempo, a la exportación. La empresa fue objeto de muchas críticas en las que se insistía en su ineficiencia, en el excesivo número de trabajadores y en su carácter clientelar.

En la década de 1970, coincidiendo con un incremento sustancial de los precios internacionales del petróleo, se descubrieron yacimientos muy productivos en el golfo de México, lo que trajo consigo un importante aumento de la producción, con el correspondiente crecimiento del ingreso fiscal.

A pesar de la gran diversificación económica, el petróleo seguía siendo un componente fundamental del ingreso público (Monaldi, 2015c):

> El Estado le sobreextraía recursos a la empresa y el clientelismo se hacía una carga cada vez más pesada, llevando a Pemex a acumular pérdidas y a endeudarse hasta el límite. Pero parecía haber margen para todo, por la privilegiada dotación geológica del país. Un solo yacimiento en aguas someras, Cantarell, llegó a producir más de 2,1 millones de barriles diarios, con costos muy

bajos de producción. Sin necesidad de grandes inversiones, la producción de México seguía creciendo y las cuantiosas rentas financiaban a un Estado con baja recaudación no petrolera. No había por tanto ninguna urgencia para hacer cambios institucionales políticamente costosos. Pero en 2004-2005 la producción de Cantarell comenzó a declinar rápidamente y con ella la producción total de México, que ha caído en más de 1,2 millones diarios en una década, o casi un 40%. Esto ocurrió en el contexto de un significativo aumento del precio del petróleo, por lo que inicialmente el impacto fiscal no se sintió. Pemex incrementó significativamente su inversión en exploración y producción, en más de 500% en una década, y aun así el colapso de la producción no se logró revertir.

De manera creciente, y a pesar del incremento de los precios del petróleo, la falta de recursos financieros y tecnológicos hizo cada vez más difícil atender los requerimientos necesarios para impedir la caída creciente de la producción[8]. Los gobiernos de Vicente Fox y Felipe Calderón intentaron iniciar un proceso de reformas que solo pudo concretar en 2014 el presidente Enrique Peña Nieto, con el apoyo de los dos principales partidos de México, el Partido Revolucionario Institucional (PRI) y el Partido Acción Nacional (PAN). Como lo analizaremos más adelante, fue modificada la Constitución y se sancionaron un conjunto de leyes que crearon un nuevo marco regulatorio con la intención de abrir las puertas a la inversión y a la tecnología privadas.

Venezuela

En 1878 se constituyó, en el estado Táchira, la primera compañía petrolera de Venezuela, Petrolia del Táchira, pero han sido las compañías llamadas "asfalteras" las que iniciaron en grande el

---

8   En 2004 México producía 3.400.000 barriles diarios y en 2012 la cifra se redujo a 2.600.000.

negocio de la exploración y explotación de hidrocarburos en el país (Harwich Vallenilla, 1992; Hernández, 2015). La producción petrolera en gran escala comenzó con la perforación del pozo Zumaque-1 en enero de 1914.

De allí en adelante la producción y exportación de petróleo mantuvo, durante décadas, un constante crecimiento bajo el régimen de concesiones, inicialmente en aplicación de la normativa contenida en el derecho minero. Durante el gobierno dictatorial del general Juan Vicente Gómez (1908-1935) se otorgaron grandes concesiones a particulares, que fueron luego cedidas a empresas extranjeras (McBeth, 1983). En 1917, con la designación de Gumersindo Torres como ministro de Fomento, se inició, por parte del gobierno venezolano, una intención de participar de manera creciente en la riqueza petrolera. En 1920 se sancionó la primera Ley sobre Hidrocarburos y demás Minerales Combustibles, que fue muy mal recibida por las compañías extranjeras, las cuales lograron su derogación y la sanción en 1922 de una ley "más complaciente".

Con la Ley de Hidrocarburos de 1938 se abrió la posibilidad de que el Estado venezolano participase directamente en la actividad petrolera, y con la ley de 1943 se consolidó el interés del Estado venezolano en la explotación de los hidrocarburos.

De las fuerzas que se opusieron a la dictadura, especialmente con la rebelión estudiantil de 1928, surgió un pensamiento nacionalista que aspiraba al establecimiento de un régimen democrático y que cuestionaba la política petrolera. En los años subsiguientes se dejó sentir una influencia marxista, que marca la política en Venezuela y que analiza de manera crítica la situación petrolera de Juan Vicente Gómez. En 1931 se suscribió el Plan de Barranquilla, documento firmado por un importante grupo de exiliados venezolanos, entre los que figuran dos futuros presidentes de la república, en el que se planteaba un programa mínimo para la solución de los grandes problemas nacionales y atender las necesidades y aspiraciones populares más urgentes. Dentro de ese orden del día se propone la "revisión de los contratos y concesiones celebrados por la nación con el capitalismo nacional y extranjero". De allí en adelante, en todo el proceso de formación de los partidos políticos modernos de Venezuela, siempre estará presente la formulación de una política petrolera nacionalista y antiimperialista[9].

La política petrolera nacionalista no se impuso de manera drástica como en México sino que se fue desarrollando gradualmente: tuvo momentos importantes con la aprobación en 1943 del 50/50 (la paridad de beneficios entre el Estado y las compañías extranjeras) y se acentuó con la caída de la dictadura de Marcos Pérez Jiménez en 1958, que implicó el abandono del 50/50, una política de no otorgar más concesiones, mayores impuestos y regalías, la creación de la Corporación Venezolana de Petróleo (1960), la fundación de la Organización de Países Exportadores de Petróleo (OPEP, 1960), los contratos de servicio en vez de concesiones con las multinacionales (1971), la ley de reversión de los bienes de los concesionarios una vez vencidas las concesiones (1971), y la nacionalización del gas (1971), entre otros.

Siempre quedaba pendiente la nacionalización total del petróleo, que se produjo de manera negociada, en 1975, con la ley que reservó al Estado la industria y comercio de los hidrocarburos, y con la creación de Petróleos de Venezuela (Pdvsa). Las compañías extranjeras fueron indemnizadas y quedó abierta la posibilidad de suscribir "convenios operativos" con ellas. A pesar del buen desempeño que tuvo Pdvsa luego de la nacionalización en términos de niveles de producción y productividad, desarrollo de tecnologías, y otros, siempre se mantuvo en Venezuela por parte de sectores de izquierda la tesis de un mayor estatismo, de más independencia y menor presencia extranjera en el manejo de la

---

9   Debe destacarse la figura de Rómulo Betancourt y su libro *Venezuela: política y petróleo*, que se empezó a escribir en 1937 pero que fue publicado en 1956.

industria petrolera, así como críticas en contra de la autonomía de la operadora estatal. Estas tendencias cobraron mayor fuerza durante la segunda presidencia de Rafael Caldera, cuando se desarrolló una política de acuerdos con operadoras transnacionales, conocida como la Apertura Petrolera.

En 1999 se produce en Venezuela un cambio de paradigma político, con una incidencia marcada, que veremos más adelante, en la política petrolera. Cambia la orientación de esta política hacia la supresión casi total de la apertura al capital internacional, el abandono de la internacionalización y —por sobre todo— hacia una nueva concepción de Pdvsa, que dejó de ser una empresa autónoma bajo la supervisión del Gobierno para convertirse en una pieza de la estructura burocrática y con una participación en el desarrollo del país que la ha llevado a actuar en actividades no petroleras y a expandirse en forma importante más allá de su eje operativo.

Durante los gobiernos de los presidentes Hugo Chávez (1999-2013) y Nicolás Maduro (2013 en adelante) se formularon varios planes destinados a incrementar la producción, estableciéndose siempre como meta elevar la misma a 6 millones de barriles diarios, en un corto plazo. El resultado ha sido que la producción venezolana ha descendido en casi 1 millón de barriles diarios, según la Agencia Internacional de Energía y la propia Pdvsa, a pesar de un sustancial incremento de las reservas probadas. El número de trabajadores de Petróleos de Venezuela se ha multiplicado varias veces[10] y su deuda supera los US$ 40.000 millones[11].

Desde hace bastante más de medio siglo, el petróleo ha sido y sigue siendo el principal renglón de exportación del país, el sector más influyente en la actividad productiva nacional, la principal fuente de divisas y la fuente de la mayor parte de los ingresos fiscales. La economía, la política, la sociedad y la cultura venezolanas

---

10 Véase http://www.pdvsa.com/interface.sp/databa- se/fichero/free/9689/1675.PDF.

11 Véase http://www.pdvsa.com/interface.sp/databa- se/fichero/free/9696/1682.PDF.

están marcadamente influidas por el petróleo como en ningún otro país del continente. Por otra parte, el colectivo venezolano ha tenido en materia petrolera una visión mayoritaria: el petróleo es una riqueza que pertenece a los venezolanos, que debe ser manejada por ellos. La presencia extranjera es vista por muchos como un atentado en contra de la soberanía.

Colombia[12]

Durante la mayor parte de su historia como nación independiente, tanto en los siglos XIX como XX, no fue el petróleo un elemento esencial de la economía colombiana. Se trató de lograr el autoabastecimiento y, en algunos momentos, tuvieron lugar exportaciones no demasiado significativas. La ausencia de riqueza petrolera fue un tema importante en la discusión política colombiana, pero el país no presenció un debate agónico sobre la propiedad, el uso y el manejo de los hidrocarburos. El nacionalismo económico no fue bandera de ningún partido relevante.

Colombia representa un caso atípico en la historia de América Latina porque el rescate de las riquezas naturales de "manos extranjeras" no fue nunca un punto esencial del debate político. El nacionalismo del pensamiento de presidentes como Rafael Núñez, Miguel Antonio Caro y Laureano Gómez se orienta hacia un conservadurismo nacional católico, con una clara orientación derechista. Fueron contrarios al libre cambio, al federalismo, a las "ideas de la ilustración" que presumían encarnadas en el liberalismo y favorables a reforzar la identidad de pueblo, la hispanidad y la religión católica. Con Laureano Gómez vemos surgir rasgos "antiimperialistas" fundados en el rechazo a la separación de Panamá, a los privilegios concedidos a empresas como la United Fruit e incluso en ataques a los contratos petroleros de 1928.

---

12 Véanse Echeverry et al. (2008); Olivera, Cortés y Aguilar (2013); Vásquez (1994).

El diseño de la política petrolera no fue objeto de confrontación entre los partidos Liberal y Conservador durante la etapa bipartidista. La nueva configuración de la realidad política colombiana tampoco ha evidenciado diferencias radicales entre las fuerzas políticas principales del momento.

En Colombia, los recursos minerales, tanto del suelo como del subsuelo, son propiedad de la nación, y no del dueño del terreno. Por lo tanto, solo corresponde al Estado la autorización de contratos de explotación de recursos minerales. La explotación formal e importante del petróleo se inició en 1905, con la llamada Concesión de Mares, firmada por un ciudadano del mismo nombre en representación de una filial de la Standard Oil of New Jersey, en el Magdalena Medio. Una concesión similar fue otorgada al general Virgilio Barco Martínez, cerca de la frontera con Venezuela en el Catatumbo.

Por más de 30 años la mayoría de la producción, de la refinación y del transporte de petróleo en Colombia estuvo en manos de la Tropical Oil Company, una subsidiaria de la Standard Oil, en uso de la Concesión de Mares. Los contratos de concesión tenían una duración de 50 años, al término de los cuales todos los bienes e instalaciones del concesionario revertían al Estado. La inversión quedaba a cargo del concesionario y el Estado recibía bajo la forma de regalía aproximadamente el 11% de la producción.

Alfonso López Pumarejo fue el líder político liberal que, en el marco de una política de intervención del Estado en la economía y de fortalecimiento del movimiento sindical, empezó a formular algunas denuncias en contra del manejo de la riqueza petrolera y las ventajas excesivas que fueron concedidas a las compañías explotadoras. Sin embargo, durante su presidencia, con la llamada "revolución en marcha", no hubo cambios significativos en materia petrolera y, más que una revolución, lo que hubo fue un proceso de modernización del Estado.

En 1947 estalló una huelga petrolera en Barrancabermeja, que duró casi dos meses, promovida por la Unión Sindical Obrera, y que enfrentaba las duras condiciones socioeconómicas impuestas a sus trabajadores por la Tropical Oil Company. Como secuela de este conflicto llegó a plantearse la nacionalización del petróleo. La huelga fue resuelta por la vía de un arbitraje que resultó favorable a las reivindicaciones de los sindicatos, pero que no tuvo mayor consecuencia en cuanto a la presencia extranjera, a no ser, como afirman algunos, el despertar de conciencia sobre la creación de una empresa petrolera estatal, cosa que ocurrió pocos años después. La vinculación del "gaitanismo" con la huelga y con la expropiación no resiste mayor análisis, puesto que el líder liberal nunca se pronunció en favor de ella, alegando que en Colombia no existía capacidad técnica para explotar de forma directa los hidrocarburos y que había que empezar por enviar estudiantes colombianos a las universidades del mundo a aprender sobre petróleo[13].

En 1940 se creó el Ministerio de Energía y Petróleo. El contrato de concesión a la Tropical Oil se extinguió en 1951 y en esa misma fecha empezó a operar Ecopetrol.

En 1969 el Congreso colombiano sancionó la Ley 20, en virtud de la cual el régimen de concesiones fue sustituido por los contratos de asociación. Según esta nueva modalidad, el valor de la regalía se aumentó del 11,5% a un 20%, y la distribución de la producción, 40% al beneficiario del contrato y 40% a Ecopetrol. Los contratos tenían una vigencia de 27 años prorrogables, cinco años en el período de exploración y 22 años en la etapa de producción.

---

13 Explorando el pensamiento de Jorge Eliécer Gaitán nos encontramos con algunas posturas que condenaban la excesiva influencia del capital extranjero pero que no se oponían a su presencia en Colombia (véase la nota al pie 11 del presente capítulo). Es interesante recordar que en el clima de convulsión que siguió al asesinato de Jorge Eliécer Gaitán, se constituyó en Barrancabermeja una junta revolucionaria que estableció una "comuna socialista" y que ocupó la alcaldía y las instalaciones petroleras. La comuna duró 14 días y fue sometida, sin mayor violencia, por las autoridades de Bogotá y el Ejército (véase Buenahora, 1971).

En 2003 se instauró la Agencia Nacional de Hidrocarburos, como respuesta al hecho de que, por la disminución de las reservas y la subsiguiente caída de la producción, Colombia estaba a las puertas de convertirse en un país importador. Las cifras son muy elocuentes: terminando el siglo, se producen 850.000 barriles diarios; para 2003 la cifra apenas llega al medio millón y en 2007 la producción vuelve a crecer como se evidencia en el gráfico 1.

GRÁFICO 1:
Producción y consumo de petróleo en Colombia

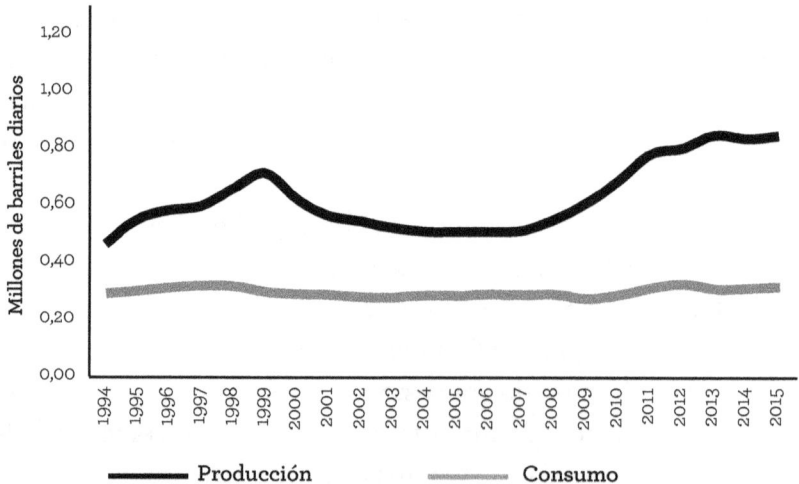

Fuente: AIE.

En 2012 entra en vigencia el nuevo Sistema General de Regalías (SGR) que permite una distribución más equitativa de los recursos entre las diversas regiones del país, petroleras y no petroleras.

En 2015 el petróleo es el producto de exportación más importante de Colombia y una fuente fundamental de ingresos del Estado.

Podemos adelantar tres conclusiones:

✦ El diseño de la política petrolera colombiana no se ha visto afectado por pugnas partidistas y posiciones ideológicas encontradas.

✦ Colombia ha procurado maximizar el rendimiento fiscal de la industria petrolera pero sin dejar de ser un país atractivo para la inversión privada. Cuando se observa un exceso en las regulaciones y/o una caída de la producción, se efectúan los correspondientes ajustes.

✦ Los altos precios del petróleo y los resultados de las políticas de seguridad y control del territorio han sido causa importante de los incrementos de producción.

Brasil[14]

Hasta fecha muy reciente y a pesar de ser el tercer productor de América Latina, el rol de Brasil en el mundo petrolero se concentraba más en el consumo que en la producción, sin dejar de lado una intensa actividad exploratoria. La producción nacional y las reservas de hidrocarburos eran, antes de la década de 1970, muy pequeñas para un país en pleno desarrollo, lo que traía consigo un creciente consumo de petróleo. De allí que buena parte de su desempeño en materia energética se orientara hacia la participación de su principal empresa petrolera en la explotación en otros países y hacia la producción de biocombustibles. No por ello se dejó de lado el incremento de la producción de hidrocarburos, en especial a partir de 1997, que se vio potenciado por el descubrimiento de grandes reservas de petróleo costa afuera, lo que ha cambiado sustancialmente el panorama petrolero del país.

Regresando al punto de partida: la Constitución de 1937 estableció que las concesiones para la exploración de las riquezas mine-

---

14   Véanse Wirth (1970), Durán (2014), Palazzo y Parente (s/f).

rales solo podrían ser extendidas "a brasileños o empresas constituidas por accionistas brasileños". En 1938, aunque la producción de petróleo era de poca significación, se creó el Consejo Nacional del Petróleo (CNP), con la finalidad de evaluar las solicitudes de proyectos de investigación y explotación de yacimientos petrolíferos[15]. Igualmente se declaró de utilidad pública el abastecimiento nacional de petróleo y se regularon las actividades de importación, exportación, transporte, distribución y comercio de petróleo y derivados, así como el funcionamiento de la industria de refinación.

En 1940 la actividad exploratoria empezó a mostrar algunos resultados y se extrajo petróleo en pequeñas cantidades en Bahía. En 1943 se presentó una divergencia entre el presidente Getúlio Vargas y el general Julio Caetano Horta Barboza, encargado de los programas de perforación, quien renunció a su cargo. Esta divergencia fue producto del surgimiento en Brasil de un nacionalismo petrolero de origen militar, en virtud del cual y por razones de soberanía y de defensa nacional se planteó el monopolio total del Estado sobre toda la actividad petrolera.

Vargas y un sector del Ejército querían la participación de empresas extranjeras en la exploración petrolera, debido a la falta de capital y de tecnología brasilera. Ese planteo se vio reforzado en la medida en que se produjo un acercamiento con Estados Unidos, que se concretó con la entrada en guerra de Brasil en 1944 del lado de los aliados.

El debate entre los militares no disminuyó (Smallman, 2002). El jefe del Estado Mayor, general Juárez Tavora, sostenía que no era importante "cómo" se conseguía el petróleo, lo imprescindible era hacerlo rápido para garantizar la soberanía. El general Horta Barboza fue la cabeza visible de la posición contraria, antiimperialista y muy desfavorable a la participación privada en el negocio petrolero. No se trató de una discusión dentro de los cuarteles sino

---

15   Decreto 395 del 24 de abril de 1938.

de un gran debate nacional en el cual el movimiento estudiantil se ubicó del lado de los nacionalistas. Con el lema *"O Petróleo é nosso"* (El petróleo es nuestro) y bajo la conducción del Centro de Estudios y Defensa del Petróleo, se desarrolló un sentimiento nacional que condujo a que en 1953 se estableciera, por ley, el monopolio estatal de la exploración, explotación, refinación y transporte del petróleo y sus derivados[16]. Esta ley creó también la empresa Petróleo Brasileiro S.A. (Petrobras) como empresa estatal de petróleo para la ejecución de dicho monopolio. Desde la constitución de la compañía, la Unión Federal pasaba a ostentar el 84% de las acciones de la misma.

A pesar de un proceso de exploración muy largo e intenso, y de algunos resultados, no se vislumbraban posibilidades de yacimientos significativos en el territorio, pero sí se presentaron perspectivas para la explotación fuera de costa, y con ese objetivo se empezó a desarrollar una tecnología nacional[17]. En 1968, y en los años siguientes, los descubrimientos de petróleo de Sergipe, en la plataforma continental, cambiaron el panorama petrolero de Brasil.

Durante el régimen militar (1964-1985), especialmente durante una primera fase con gran crecimiento económico, aumentó la demanda de petróleo y en consecuencia Petrobras incrementó sus operaciones, especialmente en el desarrollo de tecnologías y en la actividad internacional. Entre 1976 y 1979 se firmaron contratos de exploración a riesgos con algunas empresas extranjeras y nacionales, pero que no condujeron a incrementos sustanciales de la producción y que fueron eliminados con la aprobación de la Constitución de 1988, que estableció el monopolio estatal.

En 1995 se realizaron enmiendas a la Constitución de 1988 (Figueiredo, 2008) que permitieron la apertura de la exploración

---

16   Ley 20.004 del 3 de octubre de 1953.

17   En 1963 Petrobras creó el Centro de Pesquisas Leopoldo Américo Miguez de Mello (Cenpes) para la investigación y el desarrollo.

de petróleo en el territorio nacional a la iniciativa privada a través de la modalidad de contratos de riesgo. El monopolio estatal terminó en 1997 y el 6 de agosto del mismo año el presidente Fernando Henrique Cardoso promulgó la Ley 9.478, que permite la presencia de otras empresas nacionales y extranjeras en el país para competir con Petrobras en todas las ramas de la actividad petrolífera. En esa misma ley se crea el Consejo Nacional de Política Energética (CNPE), adscrito a la Presidencia de la República y presidido por el ministro de Minas y Energía, que se encargará de formular las políticas públicas del sector energético. Igualmente se crea la Agencia Nacional del Petróleo (ANP) como ente regulador del sector, vinculado al Ministerio de Minas y Energía (MME). Tiene bajo su responsabilidad la regulación, fiscalización y contratación de todas las actividades. Su objeto es la creación de un entorno competitivo para los mercados de petróleo y gas que garantice precios más bajos y mejores servicios para los consumidores. Especial importancia tiene el hecho de que la exportación e importación de hidrocarburos y de sus derivados deja de ser monopolio de Petrobras. Estas actividades pueden ser ejercidas, mediante concesión o autorización, asignadas mediante las llamadas rondas de licitación, por empre- sas constituidas bajo las leyes brasileñas, con sede social en el país, sometidas a la regulación y fiscalización del Estado.

Paralelamente, y desde los años treinta, se viene desarrollando en Brasil un programa de uso de etanol extraído de la caña de azúcar como combustible para vehículos, programa que fue durante largo tiempo muy exitoso y que se mantiene con altibajos causados por el precio del azúcar y la producción local de petróleo.

El efecto de estas reformas se vio reflejado en la producción. Brasil pasó de producir 840.000 barriles diarios en 1997 a más de 2 millones en 2010.

En 2007 se descubrieron, a 5.000 metros por debajo del lecho continental, los gigantescos yacimientos de petróleo conocidos como El Presal, en una extensión de 800 kilómetros frente a las costas de los estados de Río de Janeiro, Sao Paulo, Espírito Santo y Santa Catarina. Se estima que este descubrimiento multiplica cuatro o cinco veces las reservas de Brasil, cambiando sustancialmente el panorama petrolero de la nación. En 2010 Brasil tomó un nuevo rumbo para El Presal, incrementando las exigencias para la inversión y la tecnología extranjeras, lo que ha incidido en que las grandes expectativas suscitadas por El Presal no se hayan concretado. En esta situación no dejan de tener importancia la caída de los precios y los escándalos en los cuales se ha visto envuelta la industria petrolera en los últimos años.

Modelos abiertos y modelos cerrados

Como producto de realidades diferentes que hemos tratado de explicar, los cuatro países en estudio presentan modelos propios en lo que a la industria y al comercio de los hidrocarburos concierne. Como lo señalamos en el capítulo primero, se distinguen dos grandes tendencias: la primera de ellas, que hemos denominado "modelo cerrado", pretende un muy marcado control del Estado sobre el gas y el petróleo, su manejo monopólico por una compañía operadora estatal y la existencia de amplias y discrecionales facultades concedidas al Poder Ejecutivo en la disposición de los recursos que se generan y en la forma en que se maneja la operatoria. La segunda, que hemos llamado "modelo abierto", ha ido conformando un marco jurídico propicio a la inversión privada, bajo el control y la regulación del Estado, que compite con la empresa pública y cuyo manejo es cada vez más transparente. En estos países existen agencias regulatorias independientes.

De la adopción de una u otra de estas posturas que, como hemos visto, están íntimamente vinculadas con la historia, la cultura, las ideologías y las agendas políticas de cada país, se desprenden importantes consecuencias en lo que a la producción concierne.

Ya hemos señalado (Balza y Espinasa, 2015)[18] cómo en tiempos recientes y durante el prolongado lapso de precios muy elevados, algunos países de América Latina, por tener un marco regulatorio abierto a la inversión privada, contar con el escrutinio público a la actividad petrolera y gracias a la existencia de un organismo regulador independiente, así como reglas de operación sólidas, confiables y estables, han logrado una alta inversión e incrementos notables de su producción. Brasil y Colombia se destacan entre ellos. Otros países, entre los que se cuentan Venezuela y México, mantuvieron en la práctica un fuerte monopolio estatal, otorgaron amplia discrecionalidad al ente público en la gestión empresarial, apoyaron el hermetismo sobre el desempeño de la actividad petrolera y contaron con reglas de juego inestables, presenciando un decrecimiento de la inversión y de la producción. Los resultados de los cambios en los regímenes regulatorios, de modelos cerrados a modelos abiertos y viceversa, pueden observarse en los gráficos 2 y 3.

Finalmente, recordemos que si algo caracteriza a la historia es la inestabilidad, las sorpresas y las paradojas. México, después de 70 años de modelo cerrado, presentó en 2014 un cambio sustancial y transformó la esencia de su marco regulatorio (sin que los primeros resultados sean acordes con las expectativas). Brasil, paradójicamente, ante los descubrimientos de El Presal, endureció sus normas en lo que a la inversión extranjera concierne y ello se vio reflejado en la inversión y en la producción. Colombia y Venezuela continúan en el mismo curso de los últimos años. Colombia, con dificultades que tienen que ver con el agotamiento de su bajo nivel de reservas y no con la normativa vigente. Venezuela mantiene re- gulaciones que han llevado a un estancamiento en el nivel de producción, a pesar de contar con las mayores reservas de crudo del mundo. Por último, las empresas petroleras de Brasil, México y Venezuela se han visto afectadas por escándalos.

---

18   Véase también Staff Reporters (2014).

En los capítulos que siguen, estudiaremos las regulaciones propias de cada país, tanto a nivel constitucional como legal y sublegal, y las políticas y los organismos encargados de diseñarlas y ejecutarlas.

Gráfico 2
Reformas energéticas y producción en Brasil, Colombia y México

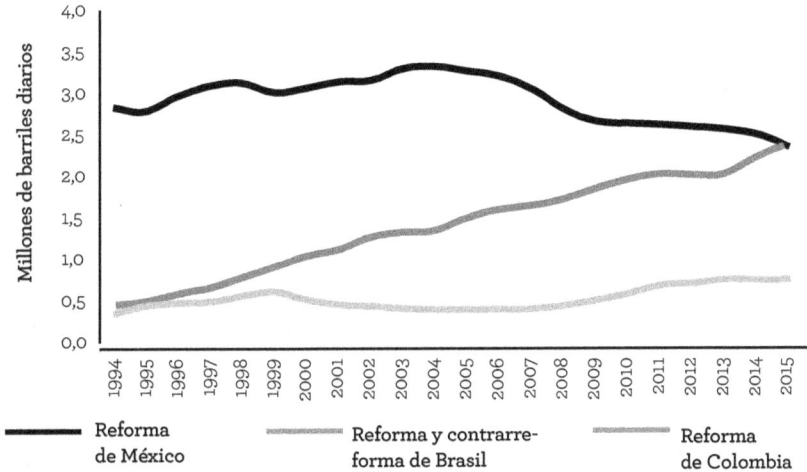

Fuente: AIE.

Gráfico 3
Producción y consumo de petróleo en Venezuela

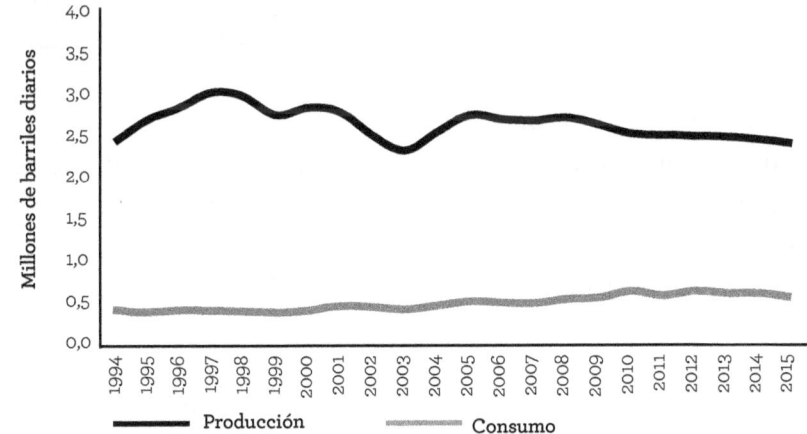

Fuente: AIE.

Sistemas jurídicos y constituciones

Estados de derecho, formas del Estado y formas de gobierno

El imperio de la ley

Los cuatro países en estudio han asumido como propia la noción de Estado de derecho, entendido como un sistema institucional en el cual el poder público se encuentra sometido a la ley[19]. Sus constituciones establecen además una clara referencia a la democracia y a los derechos sociales.

Es común aceptar que existe una jerarquía de las normas jurídicas en virtud de la cual la Constitución es la norma suprema a la que están sometidas todas las restantes regulaciones. Según este principio, las leyes deben someterse a la Constitución y a su vez las normas de rango sublegal, a nivel nacional o local, están sometidas igualmente a la Constitución y a las leyes. Las competencias de los diferentes órganos del Estado están claramente definidas y las normas que de ellos emanan tienen que someterse a aquellas que emiten los órganos de jerarquía superior. Existe una "pirámide" en cuya cúspide está la Constitución y cuya base se ve conformada por las regulaciones administrativas. El Estado de derecho

---

19 Las constituciones de Colombia (1991, artículo 1), Brasil (1998, artículo 1) y Venezuela (1999, artículo 2) lo establecen de manera expresa. La Constitución mexicana, mucho más antigua, no hace una referencia directa, pero su articulado en conjunto se acoge a los principios de un Estado de derecho.

supone además la igualdad de todos ante la ley, la existencia de tribunales independientes encargados de que estos principios se cumplan y la idea de que toda norma jurídica sea conforme a la norma de jerarquía superior.

No estamos hablando solamente de principios jurídicos abstractos sino también de un modelo político, puesto que el Estado de derecho es hoy en día un requisito indispensable para la existencia de los regímenes democráticos.

El examen de la evolución política de América Latina, en términos generales, nos permite observar una carencia en el pilar fundamental de esta forma de organizar el Estado: una justicia independiente, oportuna y de buena calidad que garantice el respeto de las leyes y de las libertades de los ciudadanos, que controle los excesos de poder de los propios órganos estatales y que proporcione seguridad jurídica.

América Latina ha sido durante mucho tiempo un continente de gobiernos fuertes con instituciones débiles, sin verdadera separación de poderes, y un Poder Judicial sometido a los dictados del Ejecutivo. Se puede igualmente constatar que en las últimas décadas se ha recorrido un importante camino hacia el fortalecimiento del Estado de derecho en la mayoría de los países de la región.

En materia petrolera, el Estado de derecho significa reglas del juego claras, seguridad jurídica y mecanismos equitativos y justos de resolución de conflictos. Constituye un requisito muy importante para la inversión.

El federalismo

La disputa entre federalismo y centralismo, entre el centro y la periferia, ha sido una constante en la historia de América Latina. Tres de los cuatro países en estudio han asumido la forma federal del Estado. La república de Colombia se proclama "unitaria, descentralizada, con autonomía de sus entidades territoriales"[20]. México pone en evidencia su apego al federalismo en el nombre que asume, Estados Unidos Mexicanos, y en el artículo 40 de su texto fundamental, que caracteriza a la república como "federal, compuesta de estados libres y soberanos en todo lo concerniente a su régimen interior, pero unidos en una federación establecida según los principios de esta ley fundamental". También la República Federativa de Brasil nos indica, con el nombre que asume, la voluntad del constituyente con relación a la forma del Estado, que se ve plasmada en el texto del artículo 18: "La organización político-administrativa de la República Federativa de Brasil comprende la Unión, los estados, el Distrito Federal y los municipios, todos autónomos, en los términos de esta Constitución". Venezuela constituye un caso atípico. La federación fue proclamada en la Constitución de 1864, precisamente producto de la victoria del bando federal en una cruenta guerra civil, y se ha mantenido en todos los textos constitucionales subsiguientes. Pero la tradición jurídica venezolana le ha dado a la palabra "federal" un sentido vinculado a la igualdad social y, en la práctica, muy alejado de la autonomía que una federación reconoce a los entes que la componen. En la vigencia de la Constitución de 1961 se dieron importantes pasos descentralizadores, pero estos quedaron revertidos con el texto de 1999. La Constitución vigente establece que "la República Bolivariana de Venezuela es un Estado federal descentralizado", pero la práctica viene siendo cada vez más centralizadora.

El tema del federalismo y la descentralización es de interés para nuestro estudio por cuanto la autonomía de que gozan los entes regionales y locales puede tener una incidencia en la regulación y el régimen impositivo de la actividad petrolera. Sin embargo, en ninguno de los países se atribuye participación a los

---

20   Artículo 1 de la Constitución de 1991.

poderes locales en el manejo de los hidrocarburos, que no sea una limitada participación en la riqueza que generan.

El presidencialismo

Brasil, Colombia, México y Venezuela consagran en sus constituciones sistemas presidencialistas. El presidencialismo no requiere que el Poder Ejecutivo disponga de mayoría parlamentaria, pero es evidente que la existencia de esa mayoría refuerza ostensiblemente el poder del jefe de Estado. Colombia y Venezuela así lo evidencian.

En virtud de la separación de poderes, la potestad legislativa corresponde a los parlamentos y, por lo tanto, las normas que desarrollen los principios constitucionales en materia de legislación de hidrocarburos corresponden a los congresos o asambleas.

En relación a la materia que nos ocupa, la reserva legal, es decir la exclusividad del parlamento para regular las materias que le competen, tiene singular importancia en cuanto a la seguridad jurídica. La sanción en sede parlamentaria asegura la discusión abierta, transparente y pública, sometida a lapsos y procedimientos, tiene por efecto una mayor participación y evita las sorpresas.

Los decretos presidenciales con fuerza de ley constituyen una excepción a este principio. Los parlamentos pueden, con carácter extraordinario, delegar potestades legislativas o el Ejecutivo puede asumirlas en situaciones excepcionales. En México, Brasil y Colombia la legislación delegada o la legislación de emergencia están sometidas a límites en cuanto a la oportunidad, la materia y en cuanto a los lapsos de ejercicio. En Brasil el Presidente puede dictar medidas con fuerza de ley, previa autorización del Congreso, o en razón de urgencia, pero que deben ser ratificadas por el Congreso en un plazo inmediato[21]. En el caso de Colombia, la Constitución permite al Congreso "revestir, hasta por seis meses, al Presidente de la República de precisas facultades extraor-

---

21 Artículos 62 y 68 de la Constitución.

dinarias para expedir normas con fuerza de ley cuando la necesidad lo exija o la conveniencia pública lo aconseje. Los decretos legislativos pueden ser revisados en cualquier momento por el Congreso y quedan excluidos del ámbito de los mismos aspectos específicos del orden jurídico. También puede el Poder Ejecutivo expedir decretos legislativos durante el estado de excepción"[22]. La situación en Venezuela es totalmente distinta. La Constitución no establece límites a la delegación legislativa, por la vía de las llamadas leyes habilitantes, pero sí ordena a la Asamblea Nacional "establecer las directrices, propósitos y marcos de las materias que se delegan" y fijar el plazo de su ejercicio[23]. La práctica ha sido la de habilitar al Presidente para dictar decretos con fuerza, valor y rango de ley, durante lapsos extensos, dentro de marcos genéricos que permiten al jefe del Estado legislar sobre cualquier materia, incluyendo los hidrocarburos[24].

Los parlamentos ejercen la función de fiscalización y control sobre las políticas del Poder Ejecutivo y tienen amplias facultades de investigación que pueden, en algunos países, conducir a la censura de los ministros. Los congresos de México, Colombia y Brasil ejercen en mayor o menor grado esta función.

Cuando en un sistema presidencialista el partido de gobierno dispone de mayoría parlamentaria, el poder del Ejecutivo es muy importante y no requiere la búsqueda de consensos y apoyos. En la situación contraria el Gobierno se ve obligado a negociar, a llegar a acuerdos, a abrir la información. El "Pacto por México", al que nos referiremos más adelante, es un excelente ejemplo de esta afirmación.

---

22   Artículo 156, ordinal 10, y 212 y siguientes de la Constitución.

23   Artículo 203 de la Constitución.

24   En 1999 y en 2002 se aprobaron leyes de hidrocarburos sin pasar por la Asamblea Nacional, por la vía de decretos leyes.

Las constituciones

Siendo la Constitución la cúspide de la pirámide jurídica, el conocimiento de la regulación que cada país establece en materia petrolera debe empezar por ella. En Brasil, Colombia, México y Venezuela nos encontramos, en esta materia, con realidades constitucionales relativamente nuevas. Si empezamos por la más antigua, la Constitución mexicana está vigente desde 1917, pero ha sufrido varias modificaciones en esta materia, siendo una de las más recientes la ocurrida en el 2013, de trascendente importancia. La Constitución brasilera es la de 1988, que fue modificada en repetidas oportunidades, y revisten especial importancia en materia petrolera las modificaciones de 1995. Colombia y Venezuela sancionaron nuevas constituciones en 1991 y 1999, respectivamente, y los cambios más recientes en sus marcos normativos en materia petrolera no han tenido rango constitucional.

Vamos a examinar primero los mecanismos de cambio constitucional de cada país, mediante los cuales se llegó a los textos vigentes y que pudieran eventualmente ser utilizados para modificarlos, para luego comentar los títulos, capítulos y artículos que tienen que ver con la materia en estudio.

Los mecanismos de reforma constitucional

La Constitución, como norma suprema, tiene que adaptarse a la realidad que pretende regir. Ya ha quedado descartada la idea de una Constitución producto exclusivamente de la razón, establecida de una vez y para siempre, y concebida como un complejo normativo en el cual, de manera total, exhaustiva y sistemática, son determinadas las funciones más importantes del Estado, se regulan los órganos, el ámbito de sus competencias y las relaciones entre ellos (García Pelayo, 1993: 33-53). La Constitución vendría a ser una suma o resultante de decisiones parciales tomadas en función de los cambios que viven las sociedades y de nuevas situaciones que deben ser reguladas. Así lo reconoció la Declaración de los Derechos del Hombre y el Ciudadano, aprobada en París en 1793: "El pueblo tiene siempre el derecho a revisar, reformar y cambiar la Constitución. Una generación no puede comprometer con sus leyes a generaciones futuras".

Las constituciones también se van modificando por cambios en la interpretación de las normas en ellas consagradas, muy especialmente cuando estos provienen de tribunales constitucionales. Valga un solo ejemplo: la carta norteamericana de 1789 ha sido objeto de 27 enmiendas formales[25], pero muchos de los cambios importantes que ha sufrido provienen de decisiones de la Corte Suprema de Justicia. Este tipo de mutación se produce sin alterar el texto constitucional pero cambiando su significado.

La teoría establece entonces una distinción entre constituciones pétreas, que no pueden cambiarse nunca; constituciones flexibles, que pueden modificarse a través de mecanismos similares a los existentes para la legislación ordinaria, y constituciones rígidas, cuando la modificación del texto fundamental requiere mecanismos complejos que dificultan, pero no hacen imposibles, las transformaciones.

El estudio de las modalidades que revisten los cambios constitucionales es relevante para nosotros, por cuanto las regulaciones en materia de hidrocarburos deben adaptarse a realidades cambiantes y responder a nuevas motivaciones políticas e ideológicas. La estabilidad de estas normas constituye, sin duda, un factor de seguridad jurídica que se incrementa en función de la rigidez, pero los mecanismos de reforma de difícil implementación traen consigo normas estáticas, no adaptadas a la realidad cambiante, y este puede ser el origen de transformaciones que se realizan al margen del derecho.

---

25 Recuérdese que las 10 primeras enmiendas que constituyen la Declaración de Derechos (*Bill of Rights*) son un agregado al texto sancionado en Filadelfia y no representan cambios en la estructura del mismo.

En el derecho constitucional latinoamericano es usual intentar preservar algunas normas que se consideran esenciales y que, en consecuencia, no pueden ser modificadas. Ninguna de las constituciones de los países que nos ocupan es totalmente flexible.

Constatamos que el texto fundamental mexicano establece que la Constitución puede ser adicionada o reformada y que para ello se requiere el voto de las dos terceras partes de los miembros del Congreso, y que la reforma tiene que ser ratificada por la mayoría de las legislaturas estaduales[26]. La interpretación comúnmente aceptada indica que se trata de reformas parciales que modifican las normas o que agregan nuevas. No se puede, por este mecanismo, sancionar una nueva Constitución (Campizo, 2011)[27].

En la práctica, la Constitución de 1917 ha resultado ser extremadamente flexible. Su articulado ha sido modificado cerca de 700 veces, lo que resultaba explicable durante el largo lapso durante el cual el PRI dominaba de manera hegemónica el escenario político mexicano. Sin embargo, a partir de 1988, al perder el PRI la mayoría calificada, la situación no varió, ya que por la vía de acuerdos interpartidistas se han efectuado una gran variedad de cambios constitucionales[28].

En la normativa constitucional colombiana existen grados de flexibilidad variables: la modificación puede producirla el Congreso con relativa facilidad, mediante los llamados "actos legislativos"[29]. Los cambios producidos por esta vía, si se refie-

---

26 Artículo 135 de la Constitución de 1917.

27 El artículo 73 de la Constitución, relativo a la incorporación de nuevos estados a la Unión, presenta variaciones en el mecanismo de reforma.

28 Los autores mexicanos difieren en cuanto al número exacto, pues la naturaleza de los cambios contenidos en varias modificaciones permite que algunas de ellas se contabilicen de manera diferente.

29 "Artículo 375: Podrán presentar proyectos de acto legislativo el Gobierno, diez miembros del Congreso, el 20% de los concejales o de los diputados y los ciu- dadanos en un número equivalente al menos al 5% del censo electoral vigente. El trámite del proyecto tendrá lugar en dos períodos ordinarios y consecutivos. Aprobado en el primero de ellos por la mayoría

ren a determinadas normas, deberán ser aprobados por vía de un referéndum[30]. No entran en esa previsión las modificaciones constitucionales que afecten el orden económico. Por último, una ley podrá requerir una consulta popular para decidir si se convoca a una Asamblea Constituyente[31].

Durante los 17 años de vigencia de la Constitución de 1991, la Carta Magna ha sufrido 26 reformas. Algunas han sido cambios menores que no afectan el espíritu democrático y pluralista con el que se concibió. Otras, por el contrario, han resquebrajado el balance y la redistribución del poder. La más importante de estas reformas fue la que permitió la reelección del presidente Álvaro Uribe. Esta afectó la arquitectura del Estado consagrada en la Carta Magna. Al permitir la reelección presidencial, se fortaleció la posición del Ejecutivo sobre las otras ramas del poder y sobre los organismos pensados originalmente como autónomos (Quinche Ramírez, 2011). En junio de 2015 el Congreso aprobó la reforma de equilibrio de poderes, mediante la cual, entre otros cambios, se volvió a modificar la Constitución para regresar al sistema de no reelección.

La Constitución de Brasil fue sancionada en 1988 por una Asamblea Nacional Constituyente, convocada en 1985, en el marco de la transición gradual hacia la democracia, decidida por el gobierno militar. En ella se establece que las disposiciones relativas a la forma federal del Estado; el voto directo, secreto, universal y periódico; la separación de los poderes y los derechos y garantías individuales no pueden ser objeto de modificación (normas pétreas)[32]. Las demás disposiciones constitucionales, en las que

---

de los asistentes, el proyecto será publicado por el Gobierno. En el segundo período la aprobación requerirá el voto de la mayoría de los miembros de cada cámara. En este segundo período solo podrán debatirse iniciativas presentadas en el primero".

30 "Artículo 379: Cuando se refieran a los derechos reconocidos en el Capítulo 1 del Título II y a sus garantías, a los procedimientos de participación popular, o al Congreso".

31 Artículo 376.

32 Artículo 60.

se incluyen el régimen económico y, en consecuencia, la legislación de hidrocarburos, pueden ser modificadas por la vía de un procedimiento especial en sede parlamentaria y con el requisito del voto favorable de las 3/5 partes de los miembros de cada cámara[33]. Hasta el 15 de septiembre de 2015 se habían producido 90 enmiendas al texto aprobado en 1985[34].

Por su parte, la Constitución venezolana de 1999 es la más rígida de las cartas fundamentales en estudio. Contempla tres modalidades de modificación constitucional: la enmienda, la reforma constitucional y, cuando se trate de derogar el texto vigente y sancionar una nuevo, se procede a través de la convocatoria a una Asamblea Nacional Constituyente[35]. La enmienda tiene por objeto la adición o modificación de uno o varios artículos, sin alterar la estructura fundamental[36]; la reforma se refiere a una revisión parcial y a la sustitución de una o varias de sus normas que "no modifiquen la estructura y principios fundamentales del texto constitucional"[37]. Como puede verse, la enmienda y la reforma no están claramente diferenciadas, como consecuencia de lo cual se presentaron polémicas discusiones en cuanto a la naturaleza del cambio en ocasión de la reforma constitucional rechazada en 2007 y la enmienda aprobada en 2009. La reforma tiene un mecanismo de discusión y aprobación más exigente que la enmienda, en lo concerniente a las mayorías requeridas en la Asamblea Nacional, pero ambas tienen que ser sometidas a referendos aprobatorios, cualquiera que sea la naturaleza de la norma que se pretenda modificar, lo que se traduce en una

---

33 *Ibidem.*

34 Presidência da República, Casa Civil, Subchefia para Assuntos Jurídicos, Emendas Constitucionais. Véase el siguiente enlace: http://www.planalto.gov.br/cci- vil_03/ Constituicao/Emendas/Emc/quadro_emc.htm.

35 Título IX: "De la reforma constitucional".

36 Artículo 340.

37 Artículo 342.

importante rigidez[38]. La rigidez se pone de manifiesto al constatar que el texto de 1999 ha sido objeto de una sola modificación en 16 años de vigencia. Esta circunstancia cobra especial importancia cuando se leen los artículos de la Constitución de Venezuela relativos a la materia petrolera, cuya modificación pasaría por este complejo procedimiento.

Los textos vigentes en materia petrolera

México

Rige en México la Constitución de 1917, que tuvo por objeto sustituir a la Constitución de 1857 y consagrar los postulados de la Revolución mexicana. Fue promovida por Venustiano Carranza, para entonces encargado del Poder Ejecutivo desde 1914. Un Congreso Constituyente aprobó el nuevo texto que, como ya comentamos, ha experimentado cerca de 700 reformas y adiciones, tantos cambios "que han dado por resultado un texto cada vez más extenso, asistemático y descuidado desde el punto de vista técnico" (Instituto de Investigaciones Jurídicas, UNAM, Instituto Iberoamericano de Derecho Constitucional y Cámara de Diputados del Congreso de la Unión, 2014).

El 20 de diciembre de 2013, 75 años después de la nacionalización del petróleo por el presidente Lázaro Cárdenas, se produjo una modificación sustancial de la Constitución mexicana en esta materia que trajo consigo un esquema totalmente nuevo, pasando de un modelo cerrado a un modelo abierto.

¿Cuál era la situación antes de la reforma? Los artículos 25, 27 y 28 de la Constitución establecían el dominio directo, inalienable e imprescriptible de la nación sobre todos los recursos naturales, lo que evidentemente incluía los hidrocarburos. La nacionalización quedó consagrada en la Constitución en 1940 y, como algu-

---

38   Artículos 341 y 344.

nos gobiernos habían otorgado contratos de participación en la explotación de hidrocarburos a particulares, en enero de 1960 se hizo una nueva modificación constitucional para prohibir el otorgamiento de contratos y establecer la nulidad de los que se hubiesen otorgado. Por último, una nueva modificación efectuada en 1983 estableció que los hidrocarburos y la petroquímica básica constituirían un área estratégica de la economía y que el sector público las tendría a su cargo de manera exclusiva (Cárdenas, 2008).

Durante el gobierno del presidente Felipe Calderón se intentó adelantar una reforma petrolera, pero el fuerte rechazo de los partidos de oposición hizo imposible los cambios. Con la llegada a la primera magistratura de un presidente priísta, Enrique Peña Nieto, en 2012, y bajo el paraguas del Pacto para México[39], se acordó un programa de reformas en los ámbitos político, fiscal, educativo, de las telecomunicaciones y energético. En materia petrolera los partidos políticos firmantes del pacto acordaron lo siguiente:

✦ La nación conserva la propiedad y el control de los hidrocarburos y la propiedad de Pemex como empresa pública.
✦ Se transformará a Pemex en una empresa pública de carácter productivo, que se conserve como propiedad del Estado pero que tenga la capacidad de competir en la industria hasta convertirse en una empresa de clase mundial.
✦ Se procurará maximizar la renta petrolera para el Estado mexicano.
✦ Se efectuarán las reformas necesarias para abrir a la competencia los procesos económicos de refinación, petroquímica y transporte de hidrocarburos, sin privatizar las instalaciones de Pemex.

---

39 Firmado por los principales partidos el 2 de diciembre de 2012. Véase http://pactopormexico.org/ y R. Espinasa et al. (2014).

✦ Se ampliarán las facultades y se fortalecerá el órgano regulador, es decir, la Comisión Nacional de Hidrocarburos, y se incluirán obligaciones que permitan someter a Pemex a las exigencias de eficiencia y transparencia que enfrentan las empresas petroleras del mundo.

Con la firma del Pacto para México se logró un consenso mayoritario en torno a los cambios más importantes que requería el Estado mexicano y se aseguró el apoyo parlamentario para el proceso de reformas.

La reforma petrolera se inició con las modificaciones constitucionales de los artículos 25, 27 y 28, del 20 de diciembre de 2013, con lo que quedó aprobado el marco regulatorio constitucional en esta materia, y que se concretan de la siguiente manera[40]:

✦ El sector público tendrá a su cargo, de manera exclusiva, la exploración y extracción del petróleo y de los demás hidrocarburos, manteniendo siempre el Gobierno federal la propiedad y el control sobre los organismos y empresas productivas del Estado que en su caso se establezcan, así como de la exploración y extracción de petróleo y demás hidrocarburos[41]. Corresponde a la nación el dominio directo del petróleo y todos los carburos de hidrógenos sólidos, líquidos o gaseosos[42]. Tratándose del petróleo y de los hidrocarburos sólidos, líquidos o gaseosos, en el subsuelo, la propiedad de la nación es inalienable e imprescriptible y no se otorgarán concesiones. Con el propósito de obtener ingresos para el Estado que contribuyan al desarrollo de largo plazo de la nación, esta llevará a cabo las actividades de exploración y extracción del petró-

40 Se reforman los párrafos cuarto, sexto y octavo del artículo 25; el párrafo sexto del artículo 27; los párrafos cuarto y sexto del artículo 28; y se adiciona un párrafo séptimo.

41 Reforma del artículo 25.

42   Reforma del artículo 27.

leo y demás hidrocarburos mediante asignaciones a empresas productivas del Estado o a través de contratos con estas o con particulares, en los términos de la Ley Reglamentaria. Para cumplir con el objeto de dichas asignaciones o contratos las empresas productivas del Estado podrán contratar con particulares. En cualquier caso, los hidrocarburos en el subsuelo son propiedad de la nación y así deberá afirmarse en las asignaciones o contratos[43].

✦ Bajo criterios de equidad social, productividad y sostenibilidad, se apoyará e impulsará a las empresas de los sectores social y privado de la economía, sujetándolas a las modalidades que dicte el interés público y al uso, en beneficio general, de los recursos productivos, cuidando su conservación y el medio ambiente[44].

✦ La ley alentará y protegerá la actividad económica que realicen los particulares y proveerá las condiciones para que el desenvolvimiento del sector privado contribuya al desarrollo económico nacional, promoviendo la competitividad e implementando una política nacional para el desarrollo industrial sostenible.

✦ Se prohíben los monopolios, pero no se definirán como tales las funciones que el Estado ejerza de manera exclusiva en las áreas estratégicas de exploración y extracción del petróleo y de los demás hidrocarburos.

✦ Se crea un fideicomiso público denominado Fondo Mexicano del Petróleo para la Estabilización y el Desarrollo, cuya institución fiduciaria será el Banco Central, y que tendrá por objeto, en los términos que establezca la ley, recibir, administrar y distribuir los ingresos derivados de las asignaciones y contratos a que se refiere el párrafo séptimo del artículo 27 de la Constitución, con excepción de los impuestos.

---

43 *Ibidem.*
44 Reforma del artículo 25.

✦ El Poder Ejecutivo contará con los órganos reguladores coordinados en materia energética, denominados Comisión Nacional de Hidrocarburos y Comisión Reguladora de Energía, en los términos que determine la ley[45].

El derecho constitucional mexicano presenta una peculiaridad: las modificaciones del texto mismo de la Constitución van acompañadas de artículos "transitorios", en los cuales se estipulan modalidades muy detalladas de aplicación y desarrollo de las normas reformadas y se establecen plazos para las leyes secundarias. El contenido de las normas secundarias que se deben dictar para desarrollar las reformas queda entonces sometido al marco establecido por el nuevo articulado constitucional y por los artículos transitorios que, en la reforma que nos ocupa, fueron 21.

Colombia[46]

El 7 de julio de 1991 fue promulgada la Constitución vigente, aprobada por una Asamblea Constituyente, que sustituyó el texto ya más que centenario de 1886.

En la década de 1980 Colombia atravesaba una profunda crisis política. La violencia, la guerrilla y el narcotráfico no parecían tener solución y la sociedad clamaba por una mayor participación, menos centralismo, menos corrupción y por un sistema eficaz de protección de los derechos humanos. La convocatoria al poder constituyente originario surgió de un movimiento de protesta, encabezado por los estudiantes, que propuso la realización de una Asamblea Constituyente. En la consulta electoral de 1990, que tenía por objeto original la elección de senadores, diputados y representantes a nivel regional y local, se incorporó de manera informal lo que se llamó la "séptima papeleta", a través de la cual los

---

45 Reforma del artículo 28.
46 Esta sección se basa en López, Montes y Garavito (2012).

colombianos expresarían su acuerdo con un cambio constitucional. La papeleta fue contada extraoficialmente y la Corte Suprema de Justicia reconoció el mandato de los electores. En diciembre de 1990 se eligió la Asamblea que sancionó la Constitución de 1991.

La nueva Constitución significó un cambio importante en los lineamientos económicos que el país había adoptado un siglo atrás. Como bien lo expresa Salomón Kalinovitz: "Tal modelo se basaba en un corporativismo autoritario y centralista, una alta protección arancelaria, una tributación baja, un gasto social pequeño y un Banco Central que racionaba el crédito y que admitía una inflación moderada pero persistente. Los elementos económicos del nuevo pacto social de 1991 fueron un mayor compromiso con el gasto público social, la privatización de algunas empresas del Estado, una descentralización relativa, mayor libertad económica y un Banco Central comprometido a reducir la inflación" (Facultad de Derecho, Universidad Nacional e ILSA, 2001). A esto debe agregarse el abandono de los monopolios estatales sobre la provisión de servicios.

La materia petrolera no es objeto de una detallada regulación. El artículo 332 establece que "el Estado es propietario del subsuelo y los recursos naturales no renovables, sin perjuicio de los derechos adquiridos y perfeccionados con arreglo a las leyes preexistentes". El constituyente ratificó, además, la norma contenida en el texto de 1886 en virtud de la cual la explotación de productos minerales y energéticos debe traducirse en pago de regalías.

En consecuencia, los cambios que ha realizado Colombia en el marco regulatorio de la explotación petrolera, y especialmente las reformas que se efectuaron en 2003, no fueron producto de modificaciones constitucionales, pues se llevaron a cabo mediante una transformación de la legislación secundaria.

No por ello debe desestimarse la importancia del marco constitucional colombiano que permitió hacer mucho más abierto el modelo petrolero. En efecto, el texto de 1991 consagra la libre actividad económica y la iniciativa privada (limitadas por el bien común, la responsabilidad de los actores, la función social de las empresas y la preservación del ambiente)[47]. Si bien la dirección general de la economía está a cargo del Estado, se dictamina que este intervendrá dentro del marco de la ley[48].

La propiedad privada está garantizada, pero en virtud de su función social se encuentra sometida a limitaciones. Las expropiaciones pueden ocurrir por motivos de utilidad pública o interés social pero mediante sentencia judicial e indemnización previa. No se descarta la expropiación administrativa pero sujeta a acción contencioso-administrativa, incluso respecto al precio[49].

Brasil

Anteriormente señalamos que la Constitución vigente en la República Federativa de Brasil fue sancionada por una Asamblea Nacional Constituyente el 5 de octubre de 1988 y que ha sido modificada en numerosas oportunidades, de las cuales son especialmente importantes, a efectos de nuestro estudio, las enmiendas aprobadas por el Congreso en 1995.

El texto de 1988 marca el regreso a la institucionalidad democrática suspendida entre 1964 y 1985. El golpe militar de 1964 no produjo de manera inmediata la derogación de la Constitución de 1946. El nuevo gobierno fundamentó su actuación en una serie de actos institucionales que modificaban, o dejaban sin efecto, las normas constitucionales. Estos actos institucionales fueron agrupados en una nueva Constitución en 1967 y esta, a su vez, fue drásticamente modificada en 1969 por una normativa que consagró un régimen abiertamente dictatorial.

---

47 Artículo 333.
48 Artículo 334.
49 Artículo 58, modificado por el Acto Legislativo 1 de 1999, artículo 1.

A partir de 1974, bajo la presidencia del general Ernesto Geisel, se inició un proceso lento y gradual de democratización que continuó durante la gestión del general João Figueiredo.

En enero de 1985 el Congreso eligió a un presidente civil, Tancredo Neves, quien falleció antes de juramentarse. El vicepresidente José Sarney asumió la primera magistratura. El 27 de noviembre de 1985 fue convocada la elección de una Asamblea Constituyente que sancionó la Constitución vigente (Pires Machado, 2013; Figueiredo, 2008).

El texto de 1988 regula con mucho detalle el orden económico y financiero, consagrando como principios generales la valoración del trabajo, la libre iniciativa, la función social de la propiedad privada y la libre competencia[50]. Se establece que la explotación directa de actividades económicas por el Estado solo será permitida cuando sea necesaria por imperativos de seguridad nacional o de interés colectivo relevante, conforme a la definición de la ley[51].

La Constitución establece la unidad del régimen jurídico de las empresas públicas y mixtas con las empresas privadas, disminuye las trabas a la presencia del capital extranjero y ordena reprimir el abuso de poder económico que tienda a la dominación de los mercados, a la eliminación de la concurrencia y al aumento arbitrario de los beneficios[52].

Se mantiene la tradición constitucional latinoamericana en virtud de la cual la propiedad particular del suelo no va aparejada con la propiedad del subsuelo, que pertenece a la Unión[53], y se consagra como monopolio del Estado la búsqueda y extracción de yacimientos de petróleo y gas natural, y otros hidrocarburos fluidos, así como la refinación de petróleo nacional o extranjero[54].

---

50 Artículo 170.
51 Artículo 173.
52 *Ibidem.*
53 Artículo 176.
54 Artículo 177.

Como ya se dijo, la Constitución de 1988 es absolutamente rígida en cuanto a la modificación de sus principios fundamentales: la forma federal del Estado, el sufragio universal, directo y secreto, la separación de poderes y los derechos y garantías individuales[55]. Pero presenta, para el resto de su contenido, una gran flexibilidad[56], la cual permitió que se efectuaran 90 cambios constitucionales (hasta agosto de 2015)[57].

No debe pasarse por alto que a raíz de las protestas y manifestaciones que tuvieron lugar en 2013, la presidenta de Brasil, Dilma Rousseff, planteó la posibilidad de modificar la Constitución para permitir la convocatoria de una Asamblea Constituyente. Esta iniciativa no llegó a concretarse.

Las enmiendas constitucionales aprobadas en 1995 por proposición del presidente Fernando Henrique Cardoso buscaban un nuevo equilibrio entre el rol del Estado y el del sector privado en las industrias energéticas, y abrieron las puertas para pasar de un modelo cerrado a un modelo abierto. Estas enmiendas tienen especial importancia en materia de telecomunicaciones, electricidad y en el tema que nos ocupa.

El monopolio de la Unión sobre la actividad petrolera y gasífera se mantiene, pero se autoriza al Gobierno para que contrate con empresas privadas para la exploración y explotación de petróleo y gas natural. Se abre igualmente a la actividad privada la refinación de petróleo nacional o importado y la importación, exportación y transporte de petróleo, derivados y gas natural.

Se encomienda a la ley el regular la estructura y obligaciones de la agencia reguladora del monopolio de la Unión. Esta refor-

---

55   Artículo 60, parágrafo 4.

56   El artículo 60 regula, en el marco de la competencia del Congreso, el procedimiento de enmienda de la Constitución, el cual corresponde a las dos cámaras por una mayoría calificada de 3/5 partes de sus miembros. La iniciativa puede provenir del propio Congreso, del Presidente de la República o de las asambleas legislativas de los estados.

57   *Constituição da República Federativa do Brasil, versão atualizada até agosto de 2015*, Imprenta Oficial del Estado de Sao Paulo.

ma abrió las puertas para la creación de la Agencia Nacional de Petróleo, Gas Natural y Biocombustibles en 1998[58].

Las modificaciones constitucionales de 1998 permitieron también la operación de empresas extranjeras en el transporte de los hidrocarburos.

Venezuela

La Constitución de la República Bolivariana de Venezuela fue aprobada por una Asamblea Constituyente, elegida el 25 de julio de 1999, ratificada por vía de referendo el 15 de diciembre y publicada en la gaceta oficial del 30 de diciembre del mismo año[59]. La Constitución anterior había sido sancionada el 23 de enero de 1961 y fue la de más larga duración en la historia de Venezuela.

En la nueva Constitución se establece que los yacimientos mineros y de hidrocarburos, cualquiera que sea su naturaleza, existentes en el territorio nacional, bajo el lecho del mar territorial, en la zona económica exclusiva y en la plataforma continental pertenecen a la república, son bienes del dominio público y, por tanto, inalienables e imprescriptibles[60].

Se reserva al Estado la actividad petrolera[61] y "por razones de soberanía económica, política y de estrategia nacional, el Estado conservará la totalidad de las acciones de Petróleos de Venezuela, S.A., o del ente creado para el manejo de la industria petrolera, exceptuando las de las filiales, asociaciones estratégicas, empresas y cualquier otra que se haya constituido o se constituya como con-

---

58   Decreto N.º 2.455, publicado el 14 de enero de 1998 por la Agência Nacional do Petróleo, Gás Natural e Biocombustíveis (ANP).

59   En la Gaceta Oficial del 24 de marzo de 2000 fue publicada nuevamente la Constitución, con la finalidad de "corregir errores gramaticales". Para una visión crítica de la gestación, discusión, aprobación y contenido de la carta fundamental venezolana, véase A. Brewer Carías (2004). Un análisis más favorable a este proceso puede encontrarse en I. Rondón de Sansó (2002).

60   Artículo 12.

61   Es decir, se le da rango constitucional a la nacionalización de 1975. Artículo 302.

secuencia del desarrollo de negocios de Petróleos de Venezuela"[62]. La excepción establecida en la parte final del artículo deja abierta la puerta a la participación privada en materia petrolera.

La Constitución de 1961 no regulaba de manera expresa la actividad petrolera. Esta se debía desarrollar dentro del marco de un régimen económico fundamentado en principios de justicia social y en el que el Estado quedaba encargado de promover el desarrollo económico, la diversificación de la producción y la soberanía económica[63]. Se consagraba la libertad económica y la iniciativa privada con las limitaciones establecidas por la ley por razones de interés social[64]. Los monopolios estaban prohibidos pero el Estado podía reservarse determinadas industrias, explotaciones o servicios de interés público por razones de conveniencia nacional[65].

Dentro de este marco jurídico pudo efectuarse "la reserva al Estado de la industria y comercio de los hidrocarburos" en 1975, la creación de Petróleos de Venezuela como empresa del Estado bajo un régimen de derecho privado y gozando de amplia autonomía, y la apertura a la inversión privada en la última década del siglo pasado.

El texto de la Constitución de 1999 no significó un cambio sustancial en relación con la regulación de la actividad petrolera venezolana. La transformación hacia un modelo muy cerrado se hizo por la vía de la legislación secundaria o por decretos del Poder Ejecutivo. Tampoco fue consecuencia del cambio constitucional la expropiación de empresas extranjeras y nacionales, que en algunos casos supuso la confiscación de activos[66].

---

62 Artículo 303.
63 Artículo 95.
64 Artículos 96 y 98.
65 Artículo 97.
66 "Artículo 112: Todas las personas pueden dedicarse libremente a la actividad económica de su preferencia, sin más limitaciones que las previstas en esta Constitución y las que establezcan las leyes, por razones de desarrollo humano, seguridad, sanidad, protección del ambiente u

A manera de conclusión, podemos señalar que la regulación detallada del tema petrolero en el texto constitucional debe examinarse juntamente con la rigidez de la Constitución.

En México, las normas constitucionales y los artículos transitorios son muy detallados y someten al legislador ordinario a limitaciones muy específicas. Esto se compensa con una gran flexibilidad de la Constitución.

En Colombia, la Constitución no entra en mucho detalle y, en consecuencia, quedan los poderes públicos con una importante laxitud para conducir la política petrolera. A ello se agrega la flexibilidad de la Constitución en el área económica.

En Brasil, la flexibilidad constitucional permite una adaptación periódica a las nuevas realidades.

En Venezuela, el texto de 1999 establece lineamientos generales, salvo en lo concerniente a la titularidad de las acciones de Petróleos de Venezuela. La Constitución es muy rígida al requerirse una consulta refrendaria para cada modificación de las normas que consagra. Como consecuencia de ello, la posibilidad de determinadas reformas se hace muy difícil.

---

otras de interés social. El Estado promoverá la iniciativa privada, garantizando la creación y justa distribución de la riqueza, así como la producción de bienes y servicios que satisfagan las necesidades de la población, la libertad de trabajo, empresa, comercio, industria, sin perjuicio de su facultad para dictar medidas para planificar, racionalizar y regular la economía e impulsar el desarrollo integral del país, sin más limitaciones que las previstas en esta Constitución y las que establezcan las leyes, por razones de desarrollo humano, seguridad, sanidad, protección del ambiente u otras de interés social".

"Artículo 115: Se garantiza el derecho de propiedad. Toda persona tiene derecho al uso, goce, disfrute y disposición de sus bienes. La propiedad estará sometida a las contribuciones, restricciones y obligaciones que establezca la ley con fines de utilidad pública o de interés general. Solo por causa de utilidad pública o interés social, mediante sentencia firme y pago oportuno de justa indemnización, podrá ser declarada la expropiación de cualquier clase de bienes".

"Artículo 116: No se decretarán ni ejecutarán confiscaciones de bienes sino en los casos permitidos por esta Constitución".

Constituciones, tratados internacionales e inversión extranjera[67]

La presencia de capitales extranjeros en los países productores de petróleo tiene una muy notable importancia debido a la magnitud de las inversiones que se requieren y a la indispensable tecnología que pocos dominan plenamente. La regulación de esta inversión foránea emana, de manera directa o indirecta, de los más altos niveles del ordenamiento jurídico: las propias constituciones y los tratados internacionales. Evidentemente, muchas de esas normas no van dirigidas específicamente a los hidrocarburos sino que tienen que ver con la inversión en todas las áreas de la economía.

La regulación de la presencia del capital extranjero ha producido y produce grandes controversias. Con frecuencia los cambios en la normativa que rige la materia, los problemas tributarios, los daños producidos por conflictos armados internos y las expropiaciones han sido el origen de conflictos entre los países receptores de la inversión y las compañías que han invertido, que, la mayoría de las veces, reciben el apoyo de los países donde fueron constituidas[68]. Para proteger a sus nacionales o para exigir el pago de acreencias, se llegó incluso a ruptura de relaciones diplomáticas e intervenciones militares. El tema ha originado debate y discusión en toda la América Latina, dando origen a la llamada "doctrina Calvo"[69] que los diferentes países aplicaron y algunos aún aplican en sus relaciones internacionales, en sus legislaciones internas y en los contratos que firman con inversionistas. Fue la consecuencia de la "protección" diplomática y militar que muchas potencias europeas y Estados Unidos brindaron a sus empresas en el sur del continente.

---

67   Sobre los regímenes de inversión extranjera en América Latina, véase Anderson et al. (2014).

68   La existencia en el mundo contemporáneo de las empresas "transnacionales" no ha aminorado el problema.

69   En honor al jurista y diplomático argentino Carlos Calvo, quien la desarrolló en 1868. Véase, entre muchos otros, García Mora (1950).

En virtud de este planteamiento doctrinario, la mayoría de los países latinoamericanos rechazó, basándose en la soberanía e independencia de cada Estado, el hecho de que las empresas extranjeras, al realizar reclamos por daños surgidos del incumplimiento de contratos o de actos de violencia interior, tuviesen un tratamiento distinto al recibido por las empresas nacionales, e hicieron obligatorio el sometimiento de las primeras a las leyes y a los tribunales de cada país con exclusión de protección diplomática alguna. Independientemente de su consagración en el orden constitucional y legal, la cláusula Calvo fue incorporada a numerosos contratos entre Estados latinoamericanos y empresas privadas, estableciéndose que las dudas y controversias que puedan surgir debido al contrato serán resueltas por los tribunales competentes del Estado, de conformidad con su derecho, y no darán lugar a protección diplomática o reclamación internacional. La incorporación de la cláusula Calvo al derecho interno ha tenido diferentes modalidades:

✦ Se excluye totalmente la protección diplomática.
✦ Se reconoce la protección diplomática pero solo en los casos de denegación de justicia. No puede alegarse en contra de una sentencia desfavorable al reclamante.
✦ Se establece que los extranjeros tienen los mismos derechos y deberes que los nacionales[70].

El camino a seguir es el recurso a los sistemas judiciales internos, y la jurisprudencia internacional ha entendido que solo como excepción se puede salir del ámbito nacional cuando se observe una evidente denegación de justicia o que en el derecho interno no exista la posibilidad de obtener una reparación. Igualmente

---

70 Véanse García Mora (1950: 206-207) y Graham (1971: 289-290).

es obligación del reclamante el respetar el ordenamiento jurídico del país donde opera la inversión[71].

La validez de la cláusula Calvo en cuanto a la renuncia de la protección diplomática ha sido objetada por numerosos países, alegando que los ciudadanos de un determinado Estado no pueden renunciar a un derecho que no es de ellos sino del Estado del cual ellos son nacionales. No debe olvidarse que la Convención de Viena sobre Relaciones Diplomáticas establece en su artículo artículo 3.1 que las funciones de una misión diplomática consisten principalmente en: "Proteger en el Estado receptor los intereses del Estado acreditante y los de sus nacionales, dentro de los límites permitidos por el Derecho Internacional".

Igualmente debe acotarse que la Carta Constitutiva de la Organización de Estados Americanos (OEA, 1948) estableció en su artículo 16 que "la jurisdicción de los Estados en los límites del territorio nacional se ejerce igualmente sobre todos los habitantes, sean nacionales o extranjeros". Y el mismo año el Tratado Americano de Soluciones Pacíficas, conocido como Pacto de Bogotá, estableció que "las Altas Partes Contratantes se obligan a no intentar reclamación diplomática para proteger a sus nacionales, ni a iniciar al efecto una controversia ante la jurisdicción interna- cional, cuando dichos nacionales hayan tenido expeditos los medios para acudir a los tribunales domésticos competentes del Estado respectivo"[72].

En ese mismo sentido se pronunció la Corte Internacional de Justicia de La Haya al sentenciar el 21 de marzo de 1959, en el caso Interhandel, que "la norma que exige el agotamiento previo de los recursos internos antes de que se inicie un proceso internacional es una norma bien establecida de derecho internacional consuetudinario; esta norma ha sido observada en los

---

71 Comentario tomado de la sentencia C-155-07 (año 2007) de la Corte Constitucional de Colombia.

72 Artículo VII.

casos en que un Estado hace suya la causa de uno de sus nacionales cuyos derechos hayan sido lesionados por otro Estado en violación del derecho internacional. En dichos casos se ha considerado necesario que, antes de recurrir a la jurisdicción internacional, el Estado donde se ha cometido la lesión pueda remediarla por sus propios medios en el marco de un ordenamiento jurídico interno".

La materia, en el ámbito del derecho internacional público y en los diferentes ordenamientos jurídicos nacionales, ha evolucionado mucho en tiempos recientes. Por una parte, la regulación del inversionista extranjero presenta hoy un mayor énfasis en regímenes específicos de protección, aun sin lograr la creación de mecanismos de aceptación universal, y no en la protección que brindan las representaciones diplomáticas, que no por ello han dejado de incidir en el tema.

El concepto de soberanía interna en el marco de las relaciones internacionales también se ha adaptado a nuevas realidades, pues ahora trae consigo salvaguardar la autonomía del Estado en asuntos de regulación interna y el ejercicio de sus competencias, pero procurando articularla con el orden jurídico internacional y los compromisos que dentro de ese marco se han asumido.

La era de la "diplomacia de las cañoneras" pasó y entramos en tiempos de solución pacífica de conflictos por la vía de la negociación; ocurre, además, que la mayoría de los Estados quiere atraer inversión, para lo cual se tiene que generar confianza en los inversionistas.

La respuesta en las últimas décadas se ha dirigido a buscar mecanismos multilaterales y bilaterales de protección a la inversión.

Así, el 14 de octubre de 1966 entró en vigor un tratado multilateral internacional: el Convenio sobre Arreglo de Diferencias Relativas a Inversiones entre Estados y Nacionales de Otros Estados (Convenio Ciadi), que hasta el 30 de junio de 2015 había sido ratificado por 151 naciones contratantes. El objetivo del convenio es auspiciar la conciliación y arbitraje en diferencias relativas a inversiones internacionales. Para que puedan producirse la conciliación y el arbitraje se requiere el consentimiento del inversionista y del Estado de que se trate. Ese consentimiento vincula a las partes. En el preámbulo se establece que "la mera ratificación, aceptación o aprobación de este convenio por parte del Estado contratante no se reputará que constituye una obligación de someter ninguna diferencia determinada a conciliación o arbitraje, a no ser que medie el consentimiento de dicho Estado". Una vez prestado, dicho consentimiento no puede retirarse unilateralmente y se convierte en un compromiso vinculante para resolver las diferencias que se hayan presentado entre los inversionistas y los Estados receptores. En la mayoría de los casos el consentimiento del Estado proviene de tratados internacionales de inversión, bilaterales o multilaterales, celebrados entre los distintos países. Otra forma de consentir el mecanismo de conciliación y arbitraje es su inclusión en los tratados de libre comercio o en contratos específicos suscritos entre entes estatales y empresas privadas.

Los países en estudio abordan el problema de diferente manera. México y Venezuela incluyen la cláusula Calvo en sus textos constitucionales. Brasil, sin que la Constitución expresamente la mencione, la aplica en la práctica, y Colombia es bastante más abierta en este sentido. Colombia y Venezuela suscribieron el Ciadi, pero Venezuela lo denunció el 12 de enero de 2012. México y Brasil nunca lo suscribieron, pero México se encuentra vinculado al convenio por la vía de múltiples tratados bilaterales que contemplan el arbitraje Ciadi, aunque esas cláusulas no pueden cumplirse al no formar ese país parte del convenio (Von Wobeser Martínez Vara, 2010: 1). No es ese el caso de Brasil, que no ha ratificado el Ciadi.

Tres de los cuatro países (Colombia, Brasil y México) permiten la remisión de los beneficios y la repatriación del capital. En

Venezuela las restricciones cambiarias hacen imposible que ello ocurra.

La Unión de Naciones Suramericanas (Unasur) se ha propuesto establecer un mecanismo de solución de controversias en materia de inversiones y a estos efectos ha creado en 2009 un grupo de trabajo para avanzar en la conformación de un centro de asesoría legal, un centro de solución de controversias y un mecanismo de cooperación regional para enfrentar las controversias entre los inversionistas y el Estado, centrado en la capacitación de funcionarios gubernamentales, el intercambio de experiencias e información, y la cooperación entre los Estados miembros (Mortimore, 2009: 74).

Como hemos dicho, los países y las constituciones abordan el tema de manera diferente.

México[73]

La carta fundamental mexicana de 1917 estableció que:

Solo los mexicanos por nacimiento o por naturalización y las sociedades mexicanas tienen derecho para adquirir el dominio de las tierras, aguas y sus accesiones o para obtener concesiones de explotación de minas o aguas. *El Estado podrá conceder el mismo derecho a los extranjeros, siempre que convengan ante la Secretaría de Relaciones en considerarse como nacionales respecto de dichos bienes y en no invocar por lo mismo la protección de sus gobiernos por lo que se refiere a aquellos*, bajo la pena, en caso de faltar al convenio, de perder, en beneficio de la nación, los bienes que hubieren adquirido en virtud del mismo[74].

---

73   Esta sección se basa en Cancino Gómez (2011).
74   Parágrafo 1 del artículo 27 (el resaltado nos pertenece).

La misma Constitución, hasta diciembre de 2013, excluía totalmente la presencia del capital extranjero en la industria de hidrocarburos pues el "petróleo y todos los carburos de hidrógeno sólidos, líquidos o gaseosos" correspondían al dominio directo de la nación[75].

En 1983 se modificó la Constitución para permitir al Congreso la sanción de leyes para regular la inversión extranjera, lo que permitió el 27 de diciembre de 1993 la aprobación de la Ley de Inversión Extranjera. Este nuevo instrumento estableció un sistema de apertura a la inversión extranjera que podría participar en cualquier proporción en el capital social de empresas mexicanas, salvo las excepciones establecidas en la propia ley.

Con la reforma de 2013 se establece que la nación "llevará a cabo las actividades de exploración y extracción del petróleo y demás hidrocarburos mediante asignaciones a empresas productivas del Estado o a través de contratos con estas *o con particulares*[76], en los términos de la Ley Reglamentaria". Es decir, como ya lo hemos visto, que se abre la puerta a la presencia de inversiones extranjeras.

El Tratado de Libre Comercio de América del Norte (Tlcan/Nafta), suscrito por México, ofrece caminos para la solución de controversias en materia de inversión, primero por la vía de la consulta y la negociación, luego mediante la formación de comisiones binacionales que formulen recomendaciones. Si estos métodos no producen resultados entre las partes, cualquiera de ellas podrá solicitar a la Comisión de Libre Comercio que recurra a diferentes mecanismos para la solución de controversias y apoyará a las partes para una solución satisfactoria (Díaz y Garza, 1993).

El artículo 1.110 del Tlcan establece un nuevo tratamiento al tema de la expropiación, que ha sido recogido en muchos tratados

---

75 Artículo 27.
76 El resaltado nos pertenece.

bilaterales suscritos por México. La expropiación y la nacionalización quedan descartadas, salvo que sean por causa de utilidad pública, sobre bases no discriminatorias, con apego al principio de legalidad y mediante indemnización.

Venezuela[77]

La Constitución de 1999 contempla que "la ley promoverá el arbitraje, la conciliación, la mediación y cualesquiera otros medios alternativos para la solución de conflictos". La norma incluye los contratos administrativos, ya que se halla ubicada justo antes del artículo 259, regulador de la jurisdicción contencioso administrativa[78].

La Constitución establece también en su artículo 151 que "las dudas y controversias suscitadas en la ejecución de contratos de interés público serán decididas por los tribunales competentes de la República, sin que puedan dar origen por ningún motivo a reclamaciones extranjeras, salvo que ello no fuere improcedente de acuerdo con la naturaleza de los contratos". La interpretación de esta norma fue muy problemática, ya que la definición de "contratos de interés público" no se encuentra en ningún texto legal y la doctrina dista mucho de ser unánime sobre el tema. Sin embargo, el Tribunal Supremo de Justicia[79] ha establecido que los contratos de interés público nacionales son aquellos que hayan sido suscritos por una entidad territorial (república, estados o municipios) o excepcionalmente una empresa del Estado, que tengan para la nación o para la entidad territorial involucrada un impacto económico y social tal que deben ser aprobados por Poder Legislativo, y que sean determinantes o esenciales para la realización de los fines y cometidos del Estado venezolano y, por

---

77 Basado en Badell Madrid (2005).

78 *Ibidem*, p. 2.

79 Sentencia del 24 de septiembre de 2002 (caso: Andrés Velázquez, Elías Mata y otros).

ende, tengan por finalidad satisfacer de manera directa los intereses de la comunidad nacional, estadual o municipal. A todo ello se agrega la improcedencia de la norma en fun- ción de la naturaleza del contrato, lo que abre la puerta a múltiples interpretaciones.

Con esta base normativa y jurisprudencial, numerosos contratos fueron firmados por órganos o empresas estatales venezolanos en los cuales se incluía el arbitraje internacional para dirimir las controversias que llegaren a presentarse. Con ese mismo fundamento, Venezuela se sumó a la Convención sobre Arreglo de Diferencias Relativas a Inversiones entre Estados y Nacionales de Otros Estados a partir del 1° de junio de 1995[80]. Igualmente fueron suscritos varios tratados de protección de inversiones con diferentes países.

En fecha 24 de enero de 2012 la República Bolivariana de Venezuela denunció ante el Banco Mundial la Convención sobre Arreglo de Diferencias Relativas a Inversiones entre Estados y Nacionales de Otros Estados. Venezuela era, para esa fecha, el segundo Estado con el mayor número de demandas en contra introducidas ante el Ciadi. Jurídicamente el retiro del Ciadi es procedente, ya Bolivia y Ecuador habían denunciado el convenio. El Ciadi contiene expresamente esa posibilidad y el artículo 71 establece que la denuncia solo surtirá efectos luego de seis meses.

Existen más de 20 tratados en los cuales Venezuela acepta someterse a arbitraje y la mayoría de ellos utilizando los mecanismos del Ciadi. Los esquemas de protección al inversionista, previstos en los tratados, permanecen.

A pesar de haberse retirado del Ciadi en 2012, Venezuela enfrenta más de 20 arbitrajes internacionales como consecuencia de la política de nacionalizaciones llevada a cabo por el presidente Chávez. Muchas de estas demandas, de montos muy elevados,

---

80   El artículo 151 de la vigente Constitución es idéntico al consagrado por el texto de 1961 en su artículo 127.

provienen de empresas petroleras o vinculadas a la actividad petrolera[81].

Colombia[82]

La colombiana es una de las economías más abiertas del mundo. La inversión extranjera no está expresamente regulada en la Constitución de 1991, ni en sus sucesivas reformas. El texto fundamental establece parámetros dentro de los cuales se desarrolla la actividad económica y que, de ser el caso, se aplican a la inversión foránea. Estos principios son desarrollados por las leyes.

La Constitución establece:

✦ La igualdad ante la ley y los mismos derechos, libertades y oportunidades sin discriminación por razón de origen nacional[83].
✦ La libertad, sometida a los límites del bien común.
✦ El libre desempeño de la actividad económica y de la iniciativa privada[84].
✦ La libre competencia económica como un derecho de todos que supone responsabilidades[85].

El artículo 9 de la Constitución señala el deber del Estado de fundamentar sus relaciones internacionales no solo en la sobe-

---

81 Los arbitrajes pendientes del Ciadi y de la Cámara de Comercio Internacional podrían significar para Venezuela pagos entre US$ 5.000 millones y US$ 10.000 millones. Desde septiembre de 2014 Venezuela ha perdido cinco arbitrajes del Ciadi y debe pagar a la empresa Gold Reserve US$ 750 millones; a ExxonMobil US$ 1.600 millones; a Owens Illinois US$ 455 millones; a Tidewater US$ 46 millones; a Flughafen Zürich US$ 33,7 millones, y quedan pendientes las decisiones en 17 casos (Dallen, 2015).

82 Un análisis muy completo de la regulación de la inversión extranjera en Colombia puede encontrase en la sentencia C-155-07 de la Corte Constitucional en relación con la demanda por inconstitucionalidad contra el artículo 7 (parcial) de la Ley 963 de 2005, por la cual se instaura una ley de estabilidad jurídica para los inversionistas en Colombia. Son igualmente de gran interés los votos aclaratorios de varios magistrados. Véase también Salcedo Castro (2008).

83 Artículo 13.

84 Artículo 333.

85 *Ibidem.*

ranía y el respeto del principio de autodeterminación, sino también en los principios del derecho internacional aceptados por Colombia, dentro de los cuales, según la Corte Constitucional, se encuentra el principio Pacta Sunt Servanda (artículo 26 de la Convención de Viena de 1969 sobre el Derecho de los Tratados), que "no solo significa que los tratados deben ser formalmente acatados sino que deben ser cumplidos de buena fe, esto es, con la voluntad de hacerlos efectivos"[86].

Por la vía legislativa, Colombia ha instituido un régimen sólido para el arbitraje y la mediación de controversias y ofrece seguridad a los inversionistas extranjeros para resolver sus disputas comerciales en forma confiable.

Dentro de este lineamiento ha introducido una muy interesante modalidad: los contratos de estabilidad jurídica, que se describen a continuación.

Mediante la Ley 963 de 2005, se expidió una ley de estabilidad jurídica para los inversionistas en Colombia. Se trata de garantizar a los inversionistas que, si durante la vigencia de estos contratos se modifica en forma adversa alguna de las normas identificadas en ellos como determinantes de la inversión, "los inversionistas tendrán derecho a que se les continúen aplicando dichas normas por el término de duración del contrato respectivo". En ese sentido, la ley indica que por modificación se entiende "cualquier cambio en el texto de la norma efectuado por el Legislador si se trata de una ley, por el Ejecutivo o la entidad autónoma respectiva si se trata de un acto administrativo del orden nacional, o un cambio en la interpretación vinculante de la misma realizada por autoridad administrativa competente"[87]. En estos contratos se establecerá un tribunal de arbitramento nacional regido exclusivamente por leyes colombianas.

---

86   Sentencia citada.
87   Artículo 1 de la ley.

Como lo ha dicho la Corte Constitucional de Colombia, el inversionista puede escoger, de los dos regímenes, el que le sea más atractivo: "La ley le permite al inversionista abstenerse de suscribir el contrato de estabilidad jurídica o hacerlo pero con exclusión de la cláusula arbitral prevista en el artículo 7, si a su juicio las garantías que le otorga un determinado tratado pueden verse desmejoradas, especialmente en cuanto a la protección de su inversión o a la posibilidad de acceder directamente a un tribunal arbitral de naturaleza internacional. Así, en el contexto de la Ley 963 de 2005, el inversionista no está obligado a renunciar a los derechos que le pueda otorgar un tratado internacional en materia de inversiones y de arbitramento, pues la suscripción del contrato de estabilidad jurídica y la inclusión misma de la cláusula arbitral son voluntarias"[88]. La posibilidad de acceder a estos contratos la tienen tanto los nacionales como los extranjeros, entre quienes no se establece ninguna diferenciación y expresamente se señala que su objeto incluye la actividad petrolera.

En julio de 2012, Colombia adoptó un estatuto que unificó normas dispersas sobre arbitraje y algunas decisiones relevantes de diferentes cortes: el Estatuto de Arbitraje Nacional e Internacional de Colombia (Ley 1.563/2012).

Brasil[89]

La República Federativa de Brasil registró un importante proceso de cambio en la última década del siglo XX: por una parte, inició un gran proceso de liberación comercial, por la otra fue un factor esencial en el proceso de integración subregional conocido como el Mercado Común del Sur (Mercosur). Paralelamente fue Brasil un gran receptor de inversión extranjera directa (IED).

---

88   Sentencia C-155-07 de 2007.
89   Para toda esta sección, véase Motta Veiga y Ríos (2009) y OMC (2009).

En los 25 años que van de 1964 a 1990, Brasil experimentó un proceso de fuerte crecimiento económico y de diversificación de sus exportaciones, todo ello dentro del marco de una larga tradición proteccionista. En esa tradición encuadra la no suscripción de la adhesión al Convenio sobre Arreglo de Diferencias Relativas a Inversiones entre Estados y Nacionales de Otros Estados (Convenio Ciadi), en 1966, y la sanción de leyes discriminatorias al capital extranjero, como la Ley de Informática de 1984, que reservaba al capital nacional la producción de *hardware*.

La aprobación de la nueva Constitución en 1988 no significó, inicialmente, mayores cambios, pues se mantenía una distinción entre las empresas brasileras de capital nacional y de capital extranjero y subsistía el monopolio del Estado en la búsqueda y extracción de yacimientos de petróleo y gas natural, así como en la refinación nacional o extranjera de petróleo[90]. El monopolio se mantuvo también en las telecomunicaciones y servicios postales y se reservó a empresas brasileras la explotación de minerales, recursos hídricos, navegación costera, transporte aéreo interno y medios de comunicación. Permanecen igualmente las restricciones a la actividad de las empresas extranjeras en los sectores de finanzas y seguros. Pero en los años noventa se inició un proceso de cambio: en 1991 se eliminaron las restricciones en el sector informático y, entre 1995 y 1998, se aprobaron una serie de enmiendas constitucionales que eliminaron las distinciones entre las empresas nacionales y extranjeras, así como los monopolios estatales sobre telecomunicaciones, petróleo y gas. Entonces, se produjo una apertura al sector privado en el área de los servicios públicos y las empresas privadas comenzaron a participar en la privatización o concesión de muchos de ellos.

La apertura, en cuanto al desempeño de empresas extranjeras, no significó el ingreso al Ciadi, y en los acuerdos comerciales

---

90   Artículo 78.

firmados por Brasil no aparecen regulaciones para las inversiones. El Gobierno negoció más de 15 acuerdos bilaterales sobre inversión, pero estos no fueron ratificados por el Congreso, ya sea porque no fueron sometidos a ese órgano por el propio Gobierno o porque fueron retirados antes de que el parlamento los sometiera a votación.

A pesar de ello, Brasil es uno de los principales receptores de IED del mundo y ha logrado evitar los regímenes de protección debido a una capacidad de negociación muy importante, fundamentada en el tamaño de su mercado interno y de su economía.

Brasil ha privilegiado el sistema multilateral de comercio y concibe los acuerdos preferenciales como un complemento. De allí su actuación protagónica en la OMC y la utilización de los mecanismos de solución de diferencias que esta organización ofrece.

Mucho se ha debatido en relación con la importancia de que los países receptores de IED, en materia petrolera y en general, acepten que sean tribunales internacionales de arbitraje, y especialmente el Ciadi, quienes resuelvan las controversias que llegaren a presentarse con ocasión de ella. Se afirma que el no someterse a esta condición conduce a una disminución de la inversión.

Para refutar esa tesis se cita el caso de Brasil, que no está bajo la competencia del Ciadi y, sin embargo, es el primer receptor de IED de la región.

Brasil no está sometido a ningún tratado bilateral de inversión y los pocos tratados de libre comercio que ha suscrito no prevén la intervención del Ciadi, sino que las controversias deben resolverse en los tribunales nacionales.

Sobre el punto concluye Michael Mortimore de Cepal: "Aunque la inversión extranjera puede ser un importante elemento para superar la crisis, las experiencias de arbitraje internacional para la solución de controversias entre los inversionistas y el Estado han mostrado que es necesario ser prudentes respecto de los riesgos asociados a esas controversias. Puede que sea el momento de tener en cuenta otras opciones, como la creación de un tribunal internacional de inversión extranjera permanente ante el cual se puedan apelar las decisiones arbitrales *ad hoc*. A pesar de que el logro de esta alternativa puede llevar décadas, como ocurrió con la transición del GATT a la OMC, es necesario iniciar el debate correspondiente" (op. cit.: 75).

La legislación secundaria

¿Cómo se han desarrollado los principios constitucionales en cada uno de los países en estudio? ¿Cómo se define la política petrolera? ¿Quién o quiénes tienen la responsabilidad de hacerlo? ¿A qué organismos corresponde ejecutarlos? ¿Cuál es la participación del sector público y cuál es la participación del sector privado y bajo qué modalidades se llevan a cabo? Estas son las preguntas que pretendemos con- testar en este capítulo.

México, Venezuela, Brasil y Colombia manejan la materia petrolera de manera distinta, ya lo hemos evidenciado desde un punto de vista histórico y analizando las constituciones. Pero en los cuatro países el Poder Ejecutivo se ejerce a través del Presidente y de los ministros (secretarios en México); en Brasil, Colom- bia y México existen agencias reguladoras en materia petrolera y en todos ellos existe por lo menos una empresa estatal importante. Debe anotarse que en América Latina no llegó a surgir un sector privado nacional petrolero significativo y que el Estado se encargó de fundar empresas operadoras. Estas cumplieron con el objetivo para el que fueron creadas: exploración y producción de petróleo, aportes fiscales significativos, ordenación del territorio y programas sociales. No puede dejar de considerarse que la situación monopólica ha conducido, generalmente, a ausencia de flexibilidad que daña la competitividad, falta de transparencia y excesivo endeudamiento (Rousseau, 2012).

Tenemos, sin embargo, un ordenamiento jurídico específico para cada país y estos ordenamientos reflejan lo que hemos llamado diferentes modelos. Los modelos "abiertos" establecen un marco regulatorio propicio a la inversión privada, el escrutinio público de la actividad petrolera y entes reguladores independientes, así como reglas de operación sólidas, confiables y estables. Los modelos "cerrados" traen consigo monopolios estatales, una muy amplia discrecionalidad en la fijación y ejecución de políticas, el hermetismo sobre el desempeño de la actividad petrolera y reglas de juego muy inestables. Ya hemos expuesto las características generales de estos modelos; nos queda ahora analizarlos caso por caso.

México

México asumió durante décadas un modelo cerrado. Los cambios constitucionales de 2013, ya comentados, trajeron consigo un viraje radical para establecer un modelo mucho más abierto. La implementación de este modelo es demasiado reciente para estudiar el impacto de las leyes en la realidad, aunque algo de ello adelantaremos en el capítulo final de este estudio.

Los organismos del Estado (rectores y ejecutores)

Las secretarías de Estado

La Constitución de México establece en su artículo 90 que la Administración Pública Federal será centralizada y paraestatal y que se regirá por la Ley Orgánica que expida el Congreso, que distribuirá los negocios del orden administrativo de la Federación que estarán a cargo de las secretarías de Estado. Los secretarios de Estado, equivalentes a los ministros en otros países, son de libre nombramiento y remoción del Presidente y deben firmar los decretos, reglamento y órdenes que este expida en los asuntos propios a cada secretaría.

La Ley Orgánica de la Administración Pública Federal consagra la existencia de 16 secretarías de Estado, además de la Consejería Jurídica del Ejecutivo Federal. Varias de esas secretarías tienen funciones de dirección o de control sobre la actividad petrolera.

Se destaca, en primer lugar, la Secretaría de Energía, a la que corresponde, como brazo ejecutor de la Presidencia de la República, entre otras atribuciones:

✦ Establecer, conducir y coordinar la política energética del país, así como supervisar su cumplimiento con prioridad en la seguridad y diversificación energéticas, el ahorro de energía y la protección del medio ambiente.

✦ Ejercer los derechos de la nación en materia de petróleo y todos los carburos de hidrógeno sólidos, líquidos y gaseosos.

✦ Promover que la participación de los particulares en las actividades del sector sea en los términos de la legislación y de las disposiciones aplicables.

✦ Llevar a cabo la planificación energética a mediano y largo plazos, así como también fijar las directrices económicas y sociales para el sector energético nacional, conforme a las disposiciones aplicables.

✦ Otorgar y revocar asignaciones en materia de hidrocarburos a las que se refiere el artículo 27 de la Constitución; establecer los lineamientos técnicos que deberán observarse en el proceso de licitación y el diseño técnico de los contratos; establecer las áreas que podrán ser objeto de asignaciones y contratos, y adjudicar asignaciones y otorgar permisos para el tratamiento y la refinación de petróleo y el procesamiento de gas natural.

✦ Proponer al jefe del Estado la plataforma anual de producción de petróleo y de gas, con base en las reservas probadas y los recursos disponibles, dando prioridad a la seguridad energética del país.

✦ Establecer la política de restitución de reservas de hidrocarburos.

- ✦ Determinar las áreas contractuales, aprobar el plan quinquenal de licitaciones y establecer los lineamientos técnicos de las mismas.
- ✦ Establecer el modelo, así como los términos y condiciones técnicos de contratación para cada área y los planes de exploración y desarrollo por contrato.
- ✦ Aprobar, con apoyo de la CNH, la cesión del control corporativo o de las operaciones por área contractual[91].

En función del peso del petróleo en la economía mexicana, corresponden a la Secretaría de Hacienda y Crédito Público (SHCP) importantes atribuciones en el tema que nos ocupa:

- ✦ Proyectar y coordinar la planeación nacional del desarrollo y elaborar, con la participación de los grupos sociales interesados, el Plan Nacional correspondiente.
- ✦ Proyectar y calcular los ingresos de la Federación, del Gobierno del Distrito Federal y de las entidades paraestatales, considerando las necesidades del gasto público federal, la utilización razonable del crédito público y la sanidad financiera de la administración pública federal; estudiar y formular los proyectos de leyes y disposiciones fiscales y de las leyes de ingresos de la Federación y del Gobierno del Distrito Federal.
- ✦ Realizar o autorizar todas las operaciones en que se haga uso del crédito.
- ✦ Cobrar los impuestos, contribuciones de mejoras, derechos, productos y aprovechamientos federales en los términos de las leyes aplicables y vigilar y asegurar el cumplimiento de las disposiciones fiscales.
- ✦ Determinar los términos fiscales de las licitaciones y contratos.

---

91 Véase el artículo 33 de la Ley Orgánica de la Administración Pública Federal y Ley de Hidrocarburos del 11 de agosto de 2014.

✦ Señalar la variable económica de adjudicación de los contratos.

La Comisión Nacional de Hidrocarburos

El órgano regulador de la industria petrolera mexicana es la Comisión Nacional de Hidrocarburos (CNH), creada antes de la reforma constitucional de 2013, el 28 de noviembre de 2008. Inicialmente, la CNH era un órgano desconcentrado de la Secretaría de Energía (Sener) con potestades de supervisión de muy reducido alcance. Por ello, uno de los principios rectores de la reforma energética consistió precisamente en robustecer a la CNH, a fin de que pudiese adecuadamente afrontar los retos que implica fiscalizar las actividades de exploración y extracción de hidrocarburos en el nuevo contexto de la apertura. En este sentido, la CNH sigue siendo dependiente del Ejecutivo Federal, pero ahora goza de autonomía técnica, presupuestaria y de gestión. Además de sus atribuciones como ente regulador, la CNH le presta asesoría técnica a la Secretaría de Energía[92].

La dirección de la CNH está a cargo de su órgano de gobierno, integrado por siete comisionados, uno de los cuales funge como su presidente. Los comisionados son designados a través de un procedimiento en el que participan, como mecanismo de control, dos de los poderes del Estado. En este sentido, el Presidente de la República presenta una terna para cada cargo y, a partir de estas, el Senado esco- ge a los comisionados. Estos funcionarios gozan de estabilidad, dado que duran siete años en el ejercicio de sus cargos, con una única reelección, y solo pueden ser removidos por las causales taxativas establecidas en la ley[93].

---

92   Artículos 3 y 38-40 de la Ley de Órganos Reguladores Coordinados en Materia Energética (Lorcme), publicada en el Diario Oficial de la Federación (DOF) el 11 de agosto de 2014. Véase también: "Proyecto del decreto por el que se expide la Ley de Órganos Reguladores Coordinados en Materia Energética", pp. 2 y 3.

93   Artículos 5-7 y 9 *ejusdem*.

Las principales atribuciones de la CNH son las siguientes[94]:

✦ Administrar y auditar contablemente el régimen fiscal especial de los contratos conforme a la Ley de Ingresos sobre Hidrocarburos (LIH, diferente al régimen tributario).
✦ Brindar asistencia técnica a la Sener, a la SHCP y al Fondo Mexicano del Petróleo para la Estabilización y Desarrollo en el ejercicio de sus funciones.
✦ Llevar adelante las rondas de licitaciones: emitir las bases, ejecutar la licitación, adjudicar los contratos para la exploración y extracción de hidrocarburos y suscribirlos.
✦ Administrar y supervisar, en materia técnica, los contratos, así como aprobar, según corresponda, su modificación, cancelación o terminación.
✦ Aprobar los planes de exploración, desarrollo para la extracción, inversión y operación de los contratos, así como sus modificaciones y supervisar el cumplimiento de estos.
✦ Las demás que establezcan los contratos para la exploración y extracción y otras leyes aplicables.

La empresa operadora estatal

La reforma constitucional de 2013 estableció que la nación llevaría a cabo las actividades de exploración y extracción de petróleo mediante asignaciones a empresas productivas del Estado o a través de contratos con estas o con particulares. A este efecto se produjo la transformación de Petróleos Mexicanos (Pemex), que dejó de tener el monopolio de la actividad petrolera.

Pemex experimentó un cambio en su estructura organizacional y operativa. Es ahora una empresa productiva del Estado, de interés público, regulada por la Ley Reglamentaria del artículo 25, párrafo cuarto de la Constitución y del transitorio vigésimo del

---

94   Artículo 31 de la Ley de Hidrocarburos (LH), publicada en el DOF el 11 de agosto de 2014.

decreto por el que se reforman y adicionan diversas disposiciones de la Constitución, en materia de energía, del 20 de diciembre de 2013 y de manera supletoria por la legislación civil y mercantil. Esta ley tiene por objeto regular la organización, administración, funcionamiento, operación, control, evaluación y rendición de cuentas de la empresa productiva del Estado, Pemex. Se trata de una empresa de propiedad exclusiva del Gobierno federal, con personalidad jurídica y patrimonio propios que goza de autonomía técnica, operativa y de gestión.

Sin descartar la función social de Pemex, se busca ahora generar valor económico y rentabilidad para el Estado mexicano como propietario, y bajo este principio se procede a definir un nuevo esquema de gobierno corporativo muy similar al existente en las empresas privadas con las que Pemex deberá contratar y/o competir.

La máxima autoridad en la empresa es el consejo de administración, que estará formado por 10 consejeros

✦ Los secretarios de Energía (presidente del consejo) y de Hacienda y Crédito Público.
✦ Tres consejeros del Gobierno federal.
✦ Cinco consejeros independientes a tiempo parcial, designados por el Ejecutivo federal y ratificados por la Cámara de Senadores.

Marco regulatorio

El nuevo marco legal del sector energético fue promulgado y publicado en el Diario Oficial de la Federación (DOF), el 11 de agosto de 2014. Cuatro meses después de la aprobación del Decreto de Reforma Constitucional en Materia Energética, el 20 de diciembre de 2013, el presidente Peña Nieto presentó al Congreso de la Unión su propuesta de legislación secundaria para desarrollar los nuevos postulados constitucionales. Ese desarrollo se encontraba claramente establecido en los artículos transitorios constitucionales que comentamos en el capítulo anterior. Luego de cuatro meses de debate y negociación, la propuesta —contentiva de 21 leyes agrupadas en 9 iniciativas: 9 leyes nuevas y 12 reformas de leyes preexistentes[95]— fue aprobada. El marco regulatorio ha sido complementado con la reglamentación de estas leyes, publicada el 31 de octubre del mismo año, sumada a dos decretos presidenciales[96] y otras normas de carácter sublegal expedidas por los entes reguladores del sector[97]. Dado que la industria de hidrocarburos es de exclusiva jurisdicción federal, únicamente los órganos que forman parte del Poder Público Federal pueden regularla[98].

Exploración y producción

Las actividades de exploración y extracción de hidrocarburos son consideradas estratégicas. La nación realiza estas actividades a través de asignaciones o contratos[99]. Las concesiones, por mandato constitucional, están prohibidas[100]. Las asignaciones

---

95   Leyes expedidas: Ley de Hidrocarburos, Ley de la Industria Eléctrica, Ley de Órganos Reguladores Coordinados en materia energética, Ley de Petróleos Mexicanos, Ley de la Comisión Federal de Electricidad, Ley de la Agencia Nacional de Seguridad Industrial y de Protección al Medio Ambiente del Sector Hidrocarburos, Ley de Energía Geotérmica, Ley de Ingresos sobre Hidrocarburos y Ley del Fondo Mexicano del Petróleo para la Estabilización y el Desarrollo.
Leyes reformadas: Ley de Inversión Extranjera, Ley Minera, Ley de Asociaciones Público Privadas, Ley Orgánica de la Administración Pública Federal, Ley Federal de las Entidades Paraestatales, Ley de Obras Públicas y Servicios Relacionados con las Mismas, Ley de Aguas Nacionales, Ley Federal de Presupuesto y Responsabilidad Hacendaria, Ley General de Deuda Pública, Ley Federal de Derechos, Ley de Coordinación Fiscal y Ley de Adquisiciones, Arrendamientos y Servicios del Sector Público.

96   Decreto por el que se crea el Centro Nacional de Control de Energía (Cenace) y decreto por el que se crea el Centro Nacional de Control de Gas Natural (Cenagas), ambos publicados en el DOF el 28 de agosto de 2014.

97   Por ejemplo: Reglamento Interno de la Comisión Nacional de Hidrocarburos, publicado en el DOF el 22 de diciembre de 2014 y Resolución CNH.11.001/14 por la que la Comisión Nacional de Hidrocarburos emite las disposiciones administrativas en materia de licitaciones de contratos para la exploración y extracción de hidrocarburos, publicada en el DOF el 28 de noviembre de 2014.

98   Artículo 95 de la LH.

99   Artículo 5 y 6 *ejusdem*.

100 Artículo 27, párrafo 7, de la Constitución.

son actos administrativos con los que la Sener —en representación del Ejecutivo federal y apoyada en la expericia técnica de la CNH— les otorga exclusivamente a las empresas propiedad del Estado (EPE) el derecho para explorar y extraer hidrocarburos, en un área específica —denominada área de asignación— y por un tiempo determinado[101]. Los particulares únicamente pueden participar en el desarrollo de estas actividades por medio de la celebración de contratos de servicios con los asignatarios, cuya contraprestación se debe realizar en efectivo[102].

El proceso de adjudicación de las asignaciones para la exploración y extracción de hidrocarburos se denominó Ronda 0, e inició con la presentación, por parte de Pemex, de una solicitud contentiva de las áreas que deseaba que la Sener le adjudicara, el 21 de marzo de 2014. Las áreas específicas escogidas son aquellas que Pemex ya estaba explorando o explotando y que, según el criterio de la Sener y la CNH, tenía suficiente capacidad técnica, financiera y de ejecución para continuar operando. El 13 de agosto de 2014, la Sener publicó su resolución, adjudicándole a Pemex 86% de las reservas 2P (100% de lo solicitado) y 31% de los recursos prospectivos (68% de lo solicitado)[103]. En total, y no tomando en cuenta los demás hidrocarburos que pudiera explotar Pemex por la vía contractual, se proyecta que Pemex podrá producir, por lo menos, 2,5 millones de barriles de petróleo diarios por los próximos 20,5 años[104].

Las asignaciones pueden ser objeto de cesión, migración a contratos, renuncia o revocación. En el caso de las cesiones, Pemex

101 Artículo 4, numeral V, y 6 de la LH; transitorio sexto del Decreto de Reforma Energética.

102 Artículo 9 de la LH. Estas contrataciones se regirán por las leyes que regulan a los asignatarios: Ley de Pemex o aquella que regule a la EPE correspondiente.

103 Las reservas 2P son las reservas probadas y probables, que tienen una probabilidad de extracción de al menos 50%. Los recursos prospectivos son aquellos cuya existencia se infiere a partir de información técnica. Fuente (consultada el 10-08-15): http://www.energia.gob.mx/rondacero/9213.html.

104 Ronda 0, Secretaría de Energía: http://www.energia.gob.mx/webSener/rondacero/9200.html.

requiere de la aprobación de la Sener y el cesionario únicamente puede ser otra EPE[105].

Para las migraciones, también se exige la aprobación de la Sener, asistida desde el punto de vista técnico por la CNH. Una vez aprobada, Pemex podrá asociarse con particulares, los cuales serán determinados mediante una licitación pública, tomando en cuenta la opinión de Pemex respecto de las capacidades técni- cas y financieras y la experiencia con la que deben contar[106]. En cuanto a la renuncia, Pemex debe obtener la aprobación de la Sener, dejar aviso a la CNH y devolver la asignación, sin que se le deba pago o indemnización alguna y en las condiciones establecidas en el título de asignación[107]. Finalmente, las revocaciones por parte de la Sener proceden siempre que Pemex incurra en alguna de las causas graves tipificadas en la Ley de Hidrocarburos (como incumplimiento injustificado de los planes de exploración o extracción). El efecto de la resolución es la devolución del área asignada, sin pago o indemnización alguna a la asignataria, quien debe responder por los daños o perjuicios ocasionados, según corresponda[108].

Participación del sector privado

Las personas jurídicas o morales privadas —entendidas como sociedades mercantiles constituidas de conformidad con la legislación mexicana[109]— participan en las actividades de exploración y extracción de hidrocarburos en México a través de contratos. Estos contratos, dependiendo de las características del proyecto (área a desarrollar, calidad del crudo, riesgos, productividad del pozo), pueden adoptar una de las siguientes cuatro modalidades:

---

105 Artículo 8 de la LH.
106 Artículo 12 y 13 *ejusdem*.
107 Artículo 8 *ejusdem*.
108 Artículo 20 *ejusdem*.
109 Artículo 4, numeral XXV, *ejusdem*.

i) contratos de licencia[110], ii) contratos de producción compartida, iii) contratos de utilidad compartida y iv) contratos de servicio[111].

Los contratos para la exploración y extracción de hidrocarburos son actos jurídicos mediante los cuales se conviene la realización de estas actividades en un área contractual, por un tiempo determinado[112]. Todos los contratos, sin excepción, deben dejar constancia expresa de que la titularidad sobre los yacimientos no se transfiere a los contratistas, sino que estos únicamente realizan las actividades de exploración y extracción por cuenta de la nación[113].

La parte contratante, representante del Ejecutivo federal, es la CNH, encargada de emitir las bases de la licitación, ejecutarla, suscribir los contratos correspondientes, administrarlos y supervisarlos —en materia técnica— y aprobar su modificación, cancelación o terminación. La Sener y la SHCP también desempeñan un rol crítico: la primera establece las condiciones de los contratos y de las licitaciones y fija, en definitiva, el modelo de contratación para cada área contractual; la segunda instaura los términos económicos y fiscales de los contratos, participa en su administración y auditoría, y determina las variables de su adjudicación en el proceso licitatorio[114].

---

110 La diferencia entre el contrato de licencia y la concesión es que el primero consiste en una autorización administrativa para explotar, en nombre de la nación, los yacimientos de hidrocarburos, cuyos frutos son propiedad del contratista con licencia. Este, incluso, puede registrar en sus libros las reservas probadas para fines contables. En el segundo caso, las concesiones suponen un acto administrativo que concede el derecho real de uso y goce sobre los yacimientos, que también se explotan en nombre de la nación. Una importante diferencia práctica es que los contratos de licencia pueden ser rescindidos unilateralmente por el Ejecutivo nacional, a través de la CNH, siempre que medie alguna de las causales establecidas en la ley. En cambio, en el caso de las concesiones, cualquier disputa relativa a esta se dirime en sede judicial. Véase http://blogs.eluniversal.com.mx/weblogs_detalle19584.html; http://www.milenio.com/firmas/george_baker/Concesion-vslicencia_18_545525470.html; http://energiaadebate.com/%C2%BFcontratos-o-concesiones/.

111 Artículo 18 *ejusdem;* transitorio cuarto del Decreto de Reforma Energética; artículos 6, 11, 12 y 21 de la Ley de Ingresos sobre Hidrocarburos, publicada en el DOF el 11 de agosto de 2014.

112 Artículo 4, numeral IX, *ejusdem.*

113 Artículo 27, párrafo 7, de la Constitución de México; artículo 11 de la LH.

114 Artículos 29, 30 y 31 *ejusdem;* transitorio décimo del Decreto de Reforma Energética.

Por otro lado, los sujetos legitimados para ser contratistas son: i) las EPE (como Pemex); ii) cualquier persona moral o iii) cualquier asociación o consorcio formado por una EPE y una persona moral[115]. Los contratistas se escogen mediante una licitación pública, donde imperan criterios objetivos y transparentes. Sin embargo, la Sener puede establecer la participación obligatoria del Estado mexicano, a través de una EPE o un vehículo financiero especializado, en los casos en que: i) coincidan los campos contractuales con los campos de asignación, ii) exista la posibilidad de transferir tecnología de punta que contribuya al desarrollo nacional de la industria o iii) se quiera impulsar un proyecto mediante un vehículo financiero especializado del Estado. En los últimos dos casos, la participación del Estado no podrá superar el 30% de la inversión del proyecto[116]. Asimismo, la participación de una EPE también será imperativa cuando exista la posibilidad de encontrar un yacimiento transfronterizo, en cuyo caso la participación obligatoria será de un mínimo del 20%[117].

Para participar en las licitaciones, las empresas interesadas deben como mínimo ser residentes fiscales en México, tener como objeto exclusivo la exploración y explotación de hidrocarburos y no tributar en el régimen fiscal opcional para grupos de sociedades, previsto en la Ley de Impuesto sobre la Renta (LISR)[118]. Esto sin perjuicio de las demás exigencias incluidas en las correspondientes bases de licitación.

---

115 Estas alianzas se celebrarán según lo dispuesto en la ley que regule a la EPE en cuestión y se regirán por el derecho común. Artículo 27, párrafo 7, de la Constitución de México; artículo 14 de la LH.

116 Artículo 16 *ejusdem*.

117 Artículo 17 *ejusdem*.

118 Artículo 31 de la Ley de Ingresos sobre Hidrocarburos (LIH), publicada en el DOF el 11 de agosto de 2014. Según el régimen opcional previsto en la LISR, las sociedades integradoras —aquellas que son dueñas de más del 80% de las acciones con derecho a voto de otra sociedad, considerada integrada— calcularán y enterarán su impuesto sobre la renta tomando en cuenta el resultado y las pérdidas fiscales de las sociedades integradas. De acuerdo con la ley especial (LIH), no obstante, las empresas petroleras, sean sociedades integradoras o integradas, no tributarán en este régimen opcional.

La modalidad de contratación es definida por la Sener, con miras a garantizarle al Estado la máxima cantidad posible de ingresos y que contribuyan a su desarrollo a largo plazo[119]. En el caso de los contratos de licencia, la contraprestación consiste en la transmisión onerosa de los hidrocarburos extraídos. En los contratos de producción compartida, los contratistas entregan un porcentaje de la producción acordada al Estado y conservan el restante. En cambio, en los contratos de utilidad compartida, el contratista entrega la totalidad de la producción y recibe un porcentaje de la utilidad. Por último, en los contratos de servicio, se entrega la totalidad de lo producido a cambio de un pago en efectivo acordado por las partes[120].

La CNH puede rescindir administrativamente del contrato de exploración y explotación, cualquiera que sea su modalidad, en los casos que los contratistas incurran en alguna de las causas graves establecidas en la Ley de Hidrocarburos o en las causales de rescisión establecidas en el particular contrato (responsabilidad dolosa o culposa por un accidente grave que resulte en daños, fatalidades y pérdidas de producción). El efecto de la rescisión es la devolución y transferencia, sin cargo, pago o indemnización alguna, del área contractual objeto del contrato y la in- demnización del contratista por los daños o perjuicios causados, en caso que los haya. El contratista, no obstante, conservará la propiedad de los bienes e instalaciones que no sean conexos o accesorios exclusivos del área recuperada[121].

Por último, se pueden pactar cláusulas arbitrales para solventar cualquier controversia que surja en torno al contrato, así como otros mecanismos de solución alternativa, con la importante ex-

---

119 Transitorio décimo del Decreto de Reforma Energética; artículo 29, numeral 3, de la LH.

120 Artículo 18 *ejusdem;* Transitorio cuarto del Decreto de Reforma Energética; artículos 6, 11, 12 y 21 de la Ley de Ingresos sobre Hidrocarburos, publicada en el DOF el 11 de agosto de 2014.

121 Artículo 20 de la LH.

cepción de aquellas relativas a la rescisión administrativa. Los acuerdos arbitrales deberán ajustarse a los parámetros establecidos en el Código de Comercio mexicano y en los tratados internacionales en materia de arbitraje de los que México sea parte. Las únicas limitantes son que las leyes aplicables deben ser las leyes federales mexicanas, el idioma debe ser el español y el laudo solo puede fundamentarse en derecho[122].

Procesos de adjudicación de los contratos

El procedimiento de licitación es el mecanismo que prevé la Constitución Política de México para seleccionar al contratista que desarrollará las actividades de exploración y extracción de los hidrocarburos propiedad de la nación mexicana y por cuenta de esta[123]. La licitación consiste en una invitación pública a ofrecer que extiende el Estado mexicano a empresas públicas y privadas, tanto nacionales como extranjeras, interesadas en explotar las áreas contractuales ofrecidas y en los términos fijados en las bases de licitación. La licitación pública también será utilizada como instrumento para: i) determinar al particular que contratará con Pemex u otra EPE, según corresponda, en el caso que estas decidan migrar su asignación a un contrato y quieran aliarse con particulares, y ii) adjudicar los contratos de servicios de comercialización de los hidrocarburos de la nación obtenidos como resultado de los contratos para la exploración y extracción. Actualmente, estos contratos de servicios de comercialización se

---

122 Artículo 21 *ejusdem*. Entre los tratados internacionales sobre arbitraje ratificados por México, se encuentra la Convención Interamericana sobre Arbitraje Comercial Internacional de 1975 (Convención de Panamá).

123 Artículo 134 de la Constitución de México. De acuerdo con el artículo 4, numeral IV, de la Resolución CNH sobre Licitaciones, las áreas contractuales consisten en lo siguiente: "La superficie y profundidad determinadas por la Secretaría de Energía, así como las formaciones geológicas contenidas en la proyección vertical en dicha superficie para dicha profundidad, en las que se realiza la exploración y extracción de hidrocarburos a través de la celebración de contratos para la exploración y extracción".

adjudican directamente a Pemex, pero a partir del 1° de enero de 2018 serán licitados públicamente[124].

Uno de los objetivos trazados en el Decreto de Reforma Constitucional en Materia Energética es el fomento de la industria nacional petrolera, principalmente a través del establecimiento de un porcentaje mínimo de contenido nacional para la ejecución de las asignaciones y los contratos de exploración y extracción de hidrocarburos[125]. El contenido nacional, de acuerdo con la Secretaría de Economía (SE), se define como el porcentaje que representa el valor, en pesos mexicanos, de los bienes, servicios, mano de obra, capacitación, transferencia de tecnología e infraestructura física local y regional, del total del valor, en pesos mexicanos, de estos rubros[126]. El porcentaje mínimo promedio de contenido nacional está fijado en 25% para el 2015 y aumentará gradualmente hasta llegar a 35% en 2025, debiendo luego revisarse el porcentaje cada cinco años por la SE y la Sener[127]. Sin embargo, esto excluye las actividades en aguas profundas y ultraprofundas, cuya meta de contenido nacional se adaptará a las características propias de estos proyectos[128].

La SE es el órgano competente para establecer la metodología para calcular dicho contenido nacional, por medio de una unidad especializada, y para velar por su efectivo cumplimiento, pudiendo apoyarse para ello en un tercero independiente[129]. Tanto los títulos de asignación como los contratos petroleros deben contener la respectiva meta de contenido nacional específica para el

---

124 Artículo 28 y transitorio octavo, tercer párrafo, de la LH.

125 Transitorio séptimo del Decreto de Reforma Constitucional en Materia Energética.

126 Artículo 2, numeral IV, del "Acuerdo por el que se establece la metodología para la medición del contenido nacional en asignaciones y contratos para la exploración y extracción de hidrocarburos, así como para los permisos en la industria de hidrocarburos", publicado en el DOF el 13 de noviembre de 2014.

127 Véase https://publications.iadb.org/handle/11319/6886.

128 Artículo 46 y transitorio vigésimo cuarto de la LH.

129 Artículo 46 ejusdem.

proyecto a realizar, además de un programa, con plazos y etapas, diseñado para cumplirla[130]. En los casos en que la SE determine que algún asignatario o contratista no cumple con la cuota exigida, se lo informará a la CNH para que imponga las sanciones correspondientes.

También se prevén otros mecanismos para procurar la integración del aparato productivo doméstico. En primer lugar, la SE tiene el deber de diseñar estrategias para fomentar la cadena productiva local (gestionar un registro de proveedores nacionales interesados en participar en la industria), promover la inversión nacional y extranjera e impulsar la transferencia de tecnología y conocimientos[131]. Segundo, a través de la creación de un fideicomiso público cuyo objeto es brindar apoyo financiero, capacitación técnica y certificación a provee- dores y contratistas nacionales[132]. Y tercero, la obligación impuesta en cabeza de los asignatarios y contratistas de adquirir bienes y contratar servicios de origen mexicano, cuando las condiciones que ofrecen en cuanto a precios, calidad y entrega oportuna son similares a las de sus competidores internacionales. Esta predilección también se extiende a la capacitación y contratación, a nivel técnico y directivo, de personas de nacionalidad mexicana[133].

Fondo de estabilización y ahorro
A partir de la reforma energética de 2013, el Estado mexicano cuenta con un fideicomiso público denominado Fondo Mexicano de Petróleo para la Estabilización y Desarrollo (Fondo Mexicano del Petróleo). Este fondo fue creado por la SHCP (fideicomitente) en el Banco de México (fiduciario), el 30 de septiembre de

---

130 Artículo 6 y 19 *ejusdem*.

131 Artículo 125 *ejusdem*.

132 Artículo 127 *ejusdem*. El fideicomiso *in comento* se denomina Fideicomiso Público para Promover el Desarrollo de Proveedores y Contratistas Nacionales de la Industria Energética.

133 Artículo 128 *ejusdem*.

2014, e inició sus operaciones el 1° de enero de 2015, con el fin de garantizar un manejo transparente de los recursos provenientes del desarrollo de los hidrocarburos, compensar una hipotética caída de los ingresos y maximizar el valor de estos recursos no renovables en beneficio de las generaciones presentes y futuras de mexicanos[134].

El Fondo Mexicano de Petróleo forma parte del Gobierno federal, tiene una duración indefinida y es de carácter irrevocable. Su órgano rector es el comité técnico, integrado por tres representantes del Gobierno federal —los titulares de la SHCP, la Sener y el Banco de México— y cuatro miembros independientes, nombrados por el Presidente de la República y aprobados por una mayoría calificada de 2/3 en el Senado[135]. Las principales funciones del fondo consisten en servir como medio de recepción y ejecución de los pagos derivados de las asignaciones y contratos de exploración y extracción de hidrocarburos, y en administrar estos recursos, es decir: su ahorro, inversión y distribución entre los fondos dispuestos en la ley[136]. Por lo tanto, su patrimonio está compuesto por los ingresos provenientes de las asignaciones y contratos, el producto de las inversiones que realiza el fondo con sus recursos, y las donaciones o aportes que recibe de particulares. Estos recursos son de naturaleza federal y se consideran imprescriptibles e inembargables[137]. Los recursos del Fondo Mexicano de Petróleo son administrados por el Banco de México, en su condi-

---

134 Artículo 28 de la Constitución de México; transitorio décimo cuarto del Decreto de Reforma Energética; artículos 1 y 5 de la Ley del Fondo Mexicano del Petróleo para la Estabilización y el Desarrollo (Ley del FMP), publicada en el DOF el 11 de agosto de 2014; presentación de la Sener intitulada "Contenido y avance de la Reforma Energética en materia de exploración y extracción de hidrocarburos", de abril 2015. Presentación del Fondo Mexicano del Petróleo intitulada "El FMP y la administración de los ingresos petroleros".

135 Artículos 6, 8 y 9 de la Ley del FMP; transitorio décimo quinto del Decreto de Reforma Energética.

136 Artículo 28 de la Constitución de México; transitorio cécimo cuarto del Decreto de Reforma Energética; artículos 1 y 16 de la Ley del FMP.

137 Artículo 4 *ejusdem*.

ción de fiduciario. El destino de estos está expresamente determinado por la ley y sigue un estricto orden de prelación. En primer lugar, los ingresos petroleros se utilizan para realizar los pagos debidos a los contratistas y a los asignatarios. Seguidamente, el banco realiza transferencias ordinarias al presupuesto público[138] hasta por una suma equiva- lente a un 4,7% del PIB. En caso de que los recursos excedan este techo, el remanente se colocará en la reserva del Fondo Mexicano del Petróleo para generar ahorros de largo plazo. La ley prevé que en el supuesto hipotético de que el monto de estos ahorros supere el 3% del PIB, el comité técnico podrá recomendar a la Cámara de Diputados del Congreso que invierta el superávit en una serie de rubros determinados[139]. Finalmente, solo en supuestos extraordinarios[140] podrán utilizarse los recursos del ahorro de largo plazo para cubrir erogaciones del Presupuesto de Egresos de la Federación[141].

Por último, la transparencia en la operación del Fondo se garantiza, principalmente, con la publicación trimestral en su página web[142] de un informe electrónico, aprobado por el comité técnico, que detalla el estado financiero del fondo, las actividades realizadas el trimestre anterior y el monto de las transacciones hechas a favor de la Tesorería de la Federación y los fondos señalados en la ley. Además, el fondo debe contar con un sistema informático

---

138 Artículo 16 *ejusdem*. Las transferencias ordinarias se hacen a distintos fondos y a la Tesorería de la Federación, observando el siguiente orden de prelación: Fondo de Estabilización de los Ingresos Presupuestarios, Fondo de Estabilización de los Ingresos de las Entidades Federativas, Fondo de Extracción de Hidrocarburos, Fondo Sectorial Conacyt-Secretaría de Energía-Hidrocarburos, Fondo Sectorial Conacyt-Secretaría de Energía-Sustentabilidad Energética y Tesorería de la Federación para fiscalización petrolera de la Auditoría Superior de la Federación.

139 Artículo 8 *ejusdem*. Ejemplos: fondo del sistema de pensión universal, proyectos de inversión en ciencia, tecnología e innovación, energías renovables, infraestructura y becas de estudio, entre otros.

140 Ejemplo: caída de los ingresos públicos, habiéndose agotado los recursos de los fondos de estabilización.

141 Artículos 8 y 16 *ejusdem*.

142 Publicación de informes en el sitio web del Fondo Mexicano de Petróleo: http://www.fmped. org.mx/ informes/.

que facilite el registro de las transacciones y la realización de auditorías externas[143].

Sostenibilidad y protección ambiental

En el caso específico de las regulaciones ambientales en materia de hidrocarburos, interviene, por una parte, el Poder Legislativo, competente para dictar las leyes aplicables y, en consecuencia, adaptar el marco jurídico a la nueva reforma energética, procurando la protección y el cuidado del medio ambiente[144].

Por otra, interviene el Poder Ejecutivo, representado por la Sener y la Agencia Nacional de Seguridad Industrial y Protección al Medio Ambiente del Sector Hidrocarburos, también conocida como la Agencia de Seguridad, Energía y Ambiente (ASEA)[145].145 La primera es la encargada de establecer, conducir y coordinar la política energética en México[146], mientras que la segunda lo es de regular específicamente la seguridad industrial, operativa y de protección al medio ambiente, en el contexto de la industria petrolera[147].

Hasta la fecha, no se han emitido nuevas regulaciones ambientales. En consecuencia, siguen rigiendo las Normas Oficiales Mexicanas[148] sancionadas por la Secretaría del Medio Ambiente y Recursos Naturales (Semarnat), las Normas de Referencia[149]

---

143 Artículos 19, 22 y 23 *ejusdem*.

144 Artículo 122, C, Base Primera de la Constitución de México; transitorio décimo séptimo del Decreto de Reforma en Materia de Energía. De acuerdo con este transitorio.

145 Página web: http://www.asea.gob.mx/.

146 Transitorio décimo, numeral A, del Decreto de Reforma en Materia de Energía.

147 Transitorio décimo noveno del Decreto de Reforma en Materia de Energía.

148 Anteproyecto de la Ley de la ASEA, pág. 3. Normas oficiales específicamente relacionadas con la protección del medio ambiente en el sector hidrocarburos: NOM-149-Semarnat-2006, NOM-143-Semarnat-2003, NOM-153-Semarnat-2006.

149 Las Normas de Referencia son aquellas elaboradas por entidades de la Administración Pública Federal (en este caso específico Pemex), debido a deficiencias de las normas mexicanas o los estándares internacionales. Fuente (consultada el 10-08-15): http://www.pemex.com/procura/procedimientos-de-contratacion/normas-referencia/Paginas/default.aspx.

dictadas por Pemex y el ISO 14.000[150], entre otras. También es aplicable, para los actores de la industria petrolera, toda la normativa mexicana relacionada con el medio ambiente, los recursos naturales, las aguas, los bosques, la flora y fauna silvestre, lo terrestre y acuático, y la pesca.

Colombia

Colombia ha asumido un modelo claramente "abierto" en lo que concierne al manejo de su industria petrolera. Llama especialmente la atención la visión pragmática que ha orientado la conducción de su política de hidrocarburos. Sin embargo, no debe dejar de señalarse que la menor cuantía de sus reservas, a diferencia de los otros tres países en estudio, tiene, sin lugar a dudas, mucho que ver con su "apertura".

Los organismos del Estado (rectores y ejecutores)

Los ministerios

La Constitución de Colombia en su artículo 115 establece que el Presidente de la República es jefe del Estado, jefe del Gobierno y suprema autoridad administrativa. En el mismo artículo se agrega que el Gobierno nacional está formado por el Presidente de la República, los ministros del despacho y los directores de departamentos administrativos. El Presidente y el ministro o director de departamento correspondientes, en cada negocio particular, constituyen el Gobierno. Más adelante leemos en el artículo 208 que los ministros y los directores de departamentos administrativos son los jefes de la administración en su respectiva dependencia. Bajo la dirección del Presidente de la República, les corresponde formular las políticas atinentes a su despacho,

---

150   El ISO 14.000 es un estándar internacional de gestión ambiental. Fuente: http://www.iso.org/iso/iso14000.

dirigir la actividad administrativa y ejecutar la ley. La Ley 2 de 1973 confirió al Presidente de la República facultades extraordinarias para reorganizar la administración pública. Con base en ella fue dictado el Decreto 636 de 1974 por el cual se regula el sector de minas y energía y el Ministerio de Energía y Petróleo (creado en 1940) pasa a ser el Ministerio de Minas y Energía (MME). Corresponde a este ministerio proponer y adelantar la política nacional en materia de exploración, explotación, transporte, refinación, manufactura, beneficio, transformación, distribución y producción de hidrocarburos y, en general, sobre todas las actividades técnicas, económicas, jurídicas, industriales y comerciales relacionadas con el aprovechamiento integral de los recursos naturales no renovables y de la totalidad de las fuentes energéticas del país, en concordancia con los planes generales de desarrollo[151]. Corresponde también al MME realizar directamente o a través de los organismos descentralizados adscritos o vinculados, las investigaciones geológicas, las exploraciones técnicas y los estudios económicos necesarios para lograr un mejor conocimiento de las posibilidades hidrocarburíferas del país y destinar cualquier área del dominio continental o insular de la república, de las aguas territoriales o de la plataforma submarina, a la realización de los trabajos mencionados.

El ministerio tenía amplias atribuciones en cuanto al manejo de la industria petrolera y a la relación con las empresas operadoras[152]. Pero, como se señaló en el capítulo 2, la disminución de las reservas y la caída de la producción de petróleo condujeron a un cambio en la concepción de la industria de hidrocarburos. La nueva política se fundamenta en la necesidad y conveniencia de separar las actividades de naturaleza industrial y comercial de exploración, explotación, refinación, transporte y comercializa-

---

151   Artículo 2.
152   Artículo 3.

ción de hidrocarburos, derivados y productos, de las actividades de administración de las reservas de hidrocarburos de propiedad de la nación y de la administración de activos no estratégicos representados en acciones y participaciones en diferentes sociedades y negocios.

La Agencia Nacional de Hidrocarburos

El Decreto 1.760 del 26 de junio de 2003[153] escinde y transforma la Empresa Colombiana de Petróleos (Ecopetrol), que pierde su función reguladora y se organiza con personería jurídica, patrimonio propio y autonomía administrativa como sociedad pública por acciones y crea la Agencia Nacional de Hidrocarburos (ANH). Esta es una entidad adscrita al Ministerio de Minas y Energía (MME), con personería jurídica, patrimonio propio, autonomía administrativa y financiera, cuyo objeto es llevar a cabo la administración integral de las reservas y recursos de hidrocarburos de propiedad de la nación y regular su exploración y extracción. Desde su creación, la ANH ha sido objeto de algunas modificaciones, la más reciente de las cuales se produjo en 2012[154], en la que se define como una agencia estatal, del sector descentralizado de la rama ejecutiva del orden nacional, con personería jurídica, patrimonio propio y autonomía administrativa, técnica y financiera, adscrita al Ministerio de Minas y Energía. Tomando en cuenta los cambios recientes, la máxima dirección de la ANH está a cargo de un consejo directivo y de un presidente. El consejo directivo está integrado de la siguiente manera:

---

153 El decreto se fundamenta en la Ley 790 de 2002, que en su artículo 16, literales d, e y f, confirió facultades extraordinarias al Presidente de la República para escindir entidades u organismos administrativos del orden nacional, modificar la estructura orgánica y determinar los objetivos de las entidades u organismos resultantes de las escisiones y crear las entidades u organismos que se requieran para desarrollar los objetivos que cumplían las entidades escindidas.

154 Decreto 714 expedido por el Ministerio de Minas y Energía.

- ✦ El ministro de Minas y Energía (quien lo preside).
- ✦ El ministro de Hacienda y Crédito Público.
- ✦ El director del Departamento Nacional de Planeación.
- ✦ El director del Servicio Geológico Colombiano.
- ✦ El director de la Unidad de Planeación Minero Energética.
- ✦ Dos representantes del Presidente de la República.

Se observa que todos los integrantes del consejo son nombrados por el Presidente de la República, sin participación parlamentaria. Entre las funciones más importantes de la ANH, destacamos:

- ✦ Identificar y evaluar el potencial hidrocarburífero del país.
- ✦ Diseñar, evaluar y promover la inversión en las actividades de exploración y explotación de los recursos hidrocarburíferos, de acuerdo con las mejores prácticas internacionales.
- ✦ Diseñar, promover, negociar, celebrar y administrar los contratos y convenios de exploración y explotación de hidrocarburos de propiedad de la nación, con excepción de los contratos de asociación que celebró Ecopetrol hasta el 31 de diciembre de 2003, así como hacer el seguimiento al cumplimiento de todas las obligaciones previstas en los mismos.
- ✦ Asignar las áreas para exploración y/o explotación con sujeción a las modalidades y tipos de contratación que la Agencia Nacional de Hidrocarburos (ANH) adopte para tal fin.
- ✦ Apoyar al MME en la formulación de la política gubernamental en materia de hidrocarburos, en la elaboración de los planes sectoriales y en el cumplimiento de los respectivos objetivos.
- ✦ Convenir, en los contratos de exploración y explotación, los términos y condiciones con sujeción a los cuales las compañías contratistas adelantarán programas en beneficio de las comunidades ubicadas en las áreas de influencia de los correspondientes contratos.

✦ Fijar los precios de los hidrocarburos para efectos de la liquidación de regalías.

✦ Administrar la participación del Estado, en especie o en dinero, de los volúmenes de hidrocarburos que le correspondan en los contratos y convenios de exploración y explotación, y demás contratos suscritos o que suscriba la agencia, incluyendo las regalías.

✦ Fijar los precios de exportación de petróleo crudo para efectos fiscales y cambiarios.

La empresa operadora[155]

Como ya se dijo, el Decreto 1.760 del 26 de junio de 2003 modificó la estructura orgánica de la Empresa Colombiana de Petróleos[156] y la convirtió en Ecopetrol S.A., una sociedad pública por acciones, inicialmente 100% públicas, vinculada al MME. Ecopetrol dejó de ser operadora y reguladora, es decir que al mismo tiempo la empresa cumplía las funciones de diseñadora de política, reguladora, operadora, socia de alianzas estratégicas y competidora en el mercado. Todo esto afectaba a Ecopetrol como operadora y daba lugar a potenciales conflictos de intereses. Con la nueva estructura, como ya se dijo, la regulación queda a cargo de la ANH[157].

Corresponde a la asamblea de accionistas de Ecopetrol nombrar la directiva, integrada por siete miembros, tres postulados por el Presidente de la República por períodos de dos años y los restantes cuatro por períodos de cuatro años, seleccionados por la propia asamblea, dos de ellos con sus respectivos suplentes como directivos externos y dos miembros a dedicación permanente y exclusiva, sin suplentes.

---

155 Sobre el nacimiento de Ecopetrol, véase Caballero Argáez y A. Amaya Parra (2011).

156 Creada en 1951 por decreto presidencial N° 30 dictado con base en la Ley 165 de 1948.

157 Véase López, Montes y Garavito (2012).

En 2007 se planteó la necesidad de obtener recursos para financiar el plan de inversiones e incrementar la incorporación de prácticas de gobierno corporativo. A estos efectos se aprobó una plena autonomía presupuestal y financiera.

En 2006 fue sancionada la Ley 1118/06, que permitió la participación de accionistas privados en Ecopetrol hasta en un 20% de su capital.

En septiembre de 2007, Ecopetrol efectuó la primera oferta pública de venta de acciones en la Bolsa de Valores de Colombia. Un año más tarde Ecopetrol logró autorización de la Securities and Exchange Commission de Estados Unidos para iniciar la venta de sus acciones mediante American Depositary Receipts (ADR) en la Bolsa de Nueva York.

En julio de 2011, Ecopetrol lanzó una segunda emisión de acciones por un importe de 2,5 billones de pesos colombianos[158].

Ecopetrol S.A. es la empresa más grande y la principal compañía petrolera de Colombia. Pertenece al grupo de las 39 petroleras más grandes del mundo y es una de las cinco principales de América Latina.

Debe anotarse que el sector privado nunca ha estado ausente de la actividad petrolera en Colombia y que, antes por el contrario, durante mucho tiempo no hubo participación pública en la producción. En efecto, la explotación de hidrocarburos empieza con un régimen de concesiones mediante el cual se asignaba al concesionario, por un lapso establecido, la exploración y explotación, con carácter exclusivo, del petróleo que se extrajera en un territorio determinado. A cambio de ello, el Estado obtenía del concesionario como regalía un porcentaje sobre el valor del

---

158   Véase http://www.dinero.com/negocios/articulo/ecopetrol-vendio-24-billones-su-segunda-emision-acciones/133884.

petróleo producido (este porcentaje fue objeto de variaciones)[159]. Culminado el lapso, la concesión revertía al Estado.

Con la reversión al Estado colombiano de los activos de la Concesión de Mares, en 1951, inició operaciones la Empresa Colombiana de Petróleos y el sector público empieza a producir petróleo de manera creciente en la medida en que otras concesiones fueron revirtiendo. A partir de 1955 se fueron dando pasos hacia una nueva estructura contractual mediante la cual Ecopetrol empezó a participar como socia en la producción y en la exploración, aunque la figura de la concesión continuara en vigencia[160].

En 1974, el presidente Alfonso López Michelsen, en uso de los poderes especiales conferidos por la emergencia económica, dictó un decreto legislativo mediante el cual abolió, hacia el futuro, el sistema de concesiones y lo sustituyó por los contratos de asociación que ya venían existiendo. En el año anterior, Colombia había vuelto a ser importador neto de crudo. Ecopetrol quedó encargada de toda la actividad de exploración y explotación pero se abrió la puerta a que lo hiciera de manera directa o contratando con empresas nacionales o extranjeras[161].

Nos recuerda Isaac Yanovich, ex presidente de Ecopetrol, que la característica básica del contrato de asociación es una "alianza estratégica contractual en la cual Ecopetrol es socia de una compañía petrolera para explorar y desarrollar yacimientos de hidrocarburos y distribuir la producción después del pago de regalías", donde la compañía asociada asume el 100% del riesgo exploratorio y sus costos y Ecopetrol entra como socia una vez declarado comercial el campo y comparte entonces costos pasa-

---

159 Para la determinación del porcentaje de regalías, la Ley 120 de 1919 procedió a la división del territorio de la república en tres zonas, las cuales pagarían impuestos de explotación del producto bruto, de acuerdo con su distancia de la orilla del mar. Sobre la evolución del régimen general de concesiones, véase la Ley 120 de 1928; la Ley 37 de 1931; la Ley 160 de 1936; la Ley 18 (Código de Petróleos) de 1952; el Decreto 1.056 de 1953 y la Ley 10 de 1961.

160 Contrato de "Las Monas" y en 1958 asociación de Ecopetrol con J. W. Mecom.

161 Decreto Legislativo 2.310 del 28 de octubre de 1974.

dos y futuros[162]. El contrato de asociación fue visto como un reconocimiento a la soberanía de los países productores mientras

---

162 Op. cit., p. 80. Los contratos fueron cambiando entre 1974 y 1997, según lo recuerda el mismo autor. El contrato 50-50 (1974-1989) tiene una vida máxima de 28 años, 6 para exploración y 22 para explotación. En la etapa de exploración las inversiones son por cuenta del socio, quien tiene que cumplir con un número mínimo de obligaciones en perforación de pozos. Después de declarado comercial el asociado entrega a Ecopetrol el 20% de las regalías y distribuye la producción 50-50 a través de una cuenta conjunta. Este contrato atrajo positivamente la inversión extranjera, se firmaron 289 contratos y los grandes descubrimientos de Caño Limón, Cusiana y el gas de Chuchupa se hicieron bajo esta modalidad. El contrato de distribución escalonada (1989-1994): en 1989, después del descubrimiento de Cusiana, Ecopetrol consideró que el contrato no distribuía la producción acorde con el descubrimiento del campo e introdujo el contrato de producción escalonada, según el cual la participación de Ecopetrol aumenta mientras crece la producción. Este contrato mantiene los principios del 50-50 en duración y obligaciones y distribuye la producción después de deducir el 20% de las regalías. Sin embargo, la parti- cipación de la empresa extranjera disminuye cuando la producción supera los 60 millones de barriles o los 420 giga pies cúbicos de gas. Bajo este esquema se firmaron 72 contratos y no fue muy exitoso en términos de descubrimientos. Contrato Factor R (1994-1997): con el fin de reconocer el impacto de los altos costos o bajos precios sobre la rentabilidad del proyecto, se introdujo con el factor R una participación más justa de la producción, ya que la distribución de ingresos dependía de la relación entre los ingresos y los gastos de la compañía en el proyecto, en donde el factor R se definió como ingresos acumulados/gastos acumulados del asociado. Se firmaron 72 nuevos contratos. Aunque en un principio fue catalogado como atractivo para la inversión extranjera, no fue sostenible en un escenario de precios bajos como el reinante durante 1998. Durante 1999 solo un contrato de asociación fue firmado en Colombia. Con un factor R inferior a 1, la participación del socio era del 50%; con un factor R de entre 1 y 2, la participación del socio era del 50%/factor R, disminuyendo así la participación del socio, hasta que el factor R llegara a 2, en cuyo caso la participación del socio disminuiría al 25%. Contrato Factor R para Gas (1997-1999): este contrato contenía los mismos términos que para los líquidos e introdujo una nueva modificación buscando mejorar los términos para el gas: se aumentó el período de exploración hasta 6 años y el de explotación a 30 años con una duración máxima de 40 años y se estableció un cambio en la aplicación del factor R, de modo que este iniciaba en 2 para una participación del 50% y disminuía al 25% cuando llegaba a 3 o más. Contrato Factor R 30-70: la preocupación sobre el régimen fiscal colombiano y su competitividad llevó a un nuevo cambio de este contrato, donde la participación de Ecopetrol disminuía del 50% al 30% y cambió la aplicación del factor R, acelerando la recuperación del asociado. Cuando la producción acumulada es menor a 60 millones de barriles o 900 GPC de gas, la participación del asociado sube al 70%; una vez llegado a este punto la participación se distribuye de acuerdo con la nueva aplicación del factor R; disminuye al 35% cuando el factor R llega a 2,5 o más para el caso de petróleo y a 3 o más para el caso del gas. Igualmente se hizo un cambio en la ley de regalías adaptando un esquema escalonado y aplicable a los descubrimientos hechos después del 29 de julio de 1999, que comienza con una constante del 5% siempre que la producción no exceda de 5.000 barriles al día o su equivalente en gas; hasta 125.000 barriles las regalías aumentan en línea recta hasta alcanzar el 20%. Entre 125.000 y 400.000 barriles al día las regalías permanecen en 20%; por encima de 400.000 barriles al día y hasta 600.000 barriles al día las regalías son un porcentaje variable calculado sobre la base de la ecuación de la línea recta con un límite superior a 255. Con este nuevo contrato y los mejores precios, la inversión extranjera pareció mejorar, de modo que hasta finales del año 2000 se firmaron 49 contratos, siendo este un año récord en la firma de contratos; sin embargo, no hubo mayores descubrimientos.

que el régimen de concesiones se veía como la expresión de un pasado de explotación.

Este cambió incrementó inicialmente la participación del Estado en el negocio petrolero así como los ingresos provenientes del mismo, pero hizo a Colombia menos atractiva para la inversión privada.

Entre 1970 y 2003 de firmaron en Colombia 506 contratos de asociación y 7 acuerdos de evaluación técnica. Las contrapartes de Ecopetrol fueron unas 90 compañías petroleras.

En la última década del siglo XX viene un nuevo cambio en la política petrolera colombiana. Dos factores fueron decisivos: en primer lugar el cambio constitucional de 1991 y en segundo lugar la caída de las exportaciones y de las reservas petroleras[163].

En el capítulo anterior comentamos la concepción de la economía que trajo consigo el nuevo texto constitucional: una mayor libertad económica y un mayor rol para el sector privado. Fueron igualmente importantes los cambios experimentados en otros países productores de petróleo, como Brasil y Noruega.

Con la entrada en funciones de la Agencia Nacional de Hidrocarburos se planteó el regreso al régimen de las concesiones. La recién creada agencia adoptó un nuevo contrato de concesión con dos modalidades: el contrato de exploración y producción (E&P) y el contrato de evaluación técnica (TEA)[164]. El contrato de exploración y producción tiene un período de exploración de seis años, prorrogable por cuatro años más, y el de evaluación es de uno a dos años, prorrogables por dos años más; los programas de trabajo en exploración deben tener una activi-

---

163 La caída en las reservas de hidrocarburos fue de un 28% entre 1999 y 2002, y los ingresos por exportaciones bajaron de US$2.104 millones a US$1.722 millones. La producción nacional cayó en un 30%, por debajo de los 300.000 barriles diarios, y las exportaciones en un 57%.

164 Véase la página web de la Agencia Nacional de Hidrocarburos (www.anh.gov), donde se presentan los detalles técnicos de estos contratos. El breve resumen que exhibimos lo tomamos de los contratos de asociación y los contratos de concesión en *Colombia: la perspectiva económica*, capítulo 11, de Caballero Argáez y Amaya Parra (2011: 541-542).

dad mínima, pero la evaluación y la exploración son a discreción del contratista; la producción es autónoma y se hace bajo la responsabilidad del contratista, el cual es dueño de la totalidad de la producción, después de las regalías; los pagos se hacen por el uso del subsuelo, dependientes del tamaño del área contratada y de la duración de la fase de exploración. Las regalías son escalonadas, empezando en el 5% para campos hasta cinco mboed[165], subiendo linealmente hasta el 20% para ta- maños de campos de entre cinco y 125 mboed, permaneciendo en el 20% para campos de entre 125 y 400 mboed, subiendo linealmente hasta el 25% para tamaños de campos de entre 400 y 600 mboed, y finalmente permaneciendo en el 25% para campos con reservas mayores a 600 mboed. Se hacen descuentos a los hallazgos de gas, tanto en el continente como costa afuera, y a los campos de crudos pesados.

Por otra parte, se impone un complejo pago de regalías a la ANH por concepto de "derechos económicos por precios altos", equivalente a lo que en inglés se llama *"windfall royalty"* o *"windfall profit tax"*, cuando la producción acumulada supere los cinco millones de barriles y el precio actual del WTI sobrepase un precio base de referencia. Inicialmente, este pago es igual al 30% del valor de la producción total, multiplicado por el porcentaje de desvío del precio actual con respecto al precio base de referencia, que depende a su vez de la calidad del crudo hallado.

El contrato TEA es un modelo más sencillo, orientado a evaluar potenciales de hidrocarburos en áreas especiales bajo responsabilidad del contratista. Podrá tener un máximo de 18 meses en áreas continentales y un máximo de 24 meses en áreas costa afuera. Un contrato TEA o una parte de este se puede convertir en contrato de E&P cuando su titular presenta programas exploratorios que sean aceptados por la ANH.

---

165 El acrónimo significa *"million barrels oil equivalent per day"*.

Brasil[166]

En el capítulo 3 recordamos el cambio sustancial que significó la enmienda constitucional de 1995 al terminar con el monopolio estatal en las actividades de exploración, producción, refinación y venta de hidrocarburos. Como desarrollo de la nueva normativa constitucional se aprobó, el 6 de agosto de 1997, la Ley 9.478 sobre la política energética nacional y que creó el Consejo Nacional de Política Energética (CNPE) y la Agencia Nacional de Petróleo (ANP).

Los organismos del Estado (rectores y ejecutores)

Los ministerios

La Constitución de Brasil, al regular el Poder Ejecutivo, establece, en el ordinal 1° de su artículo 84 que es competencia privativa del Presidente de la República el "nombrar y separar a los ministros de Estado". Más adelante, el artí-culo 87 indica que "compete a los ministros de Estado, además de otras atribuciones establecidas en esta Constitución y en la ley":

1   Ejercer la orientación, coordinación y supervisión de los órganos y entidades de la Administración Federal en el área de su competencia y refrendar los actos y decretos firmados por el Presidente de la República.
2   Expedir instrucciones para la ejecución de leyes, decretos y reglamentos.
3   Presentar al Presidente de la República informe anual de su gestión en el ministerio.
4   Llevar a cabo los actos pertinentes a las atribuciones que les fueren otorgadas o delegadas por el Presidente de la República.
5   La Ley 10.683, del 28 de mayo de 2003, encarga[167]:

---

166   Para esta sección, véase Ramírez et al. (2011); *Practical Law* (2013).
167   Artículos 25 y 27.

6   Al MME, la competencia en materia de petróleo y combustibles. La competencia específicamente petrolera es ejercida por la Secretaría de Petróleo, Gas Natural y Combustibles Renovables[168].

7   Al Ministerio de Hacienda, dirigir la política, administración y fiscalización tributaria y aduanera, así como también la administración de la deuda, las negociaciones económicas y financieras internacionales, los precios y las tarifas públicas y el control del comercio exterior.

8   Al Ministerio de Integración Nacional, formular y conducir la política de desarrollo nacional integral y elaborar los programas nacionales y regionales de desarrollo.

9   Al Ministerio del Ambiente, la política nacional ambiental, la preservación, conservación y utilización de los ecosistemas, biodiversidades, bosques y selvas, así como también la formulación y ejecución de las proposiciones estratégicas para mejorar la calidad ambiental y el uso sostenible de los recursos naturales.

El Consejo Nacional de Política Energética

Se trata de un ente asesor de la Presidencia que debe implementar las políticas energéticas, la protección del ambiente, la garantía del abastecimiento de productos petroleros en todo el territorio y el crecimiento de la competitividad de Brasil en los mercados internacionales.

La Agencia Nacional de Petróleo, Gas Natural y Biocombustibles (ANP)[169]

Esta agencia es el organismo regulador de las actividades industriales petroleras, de gas natural y biocombustibles de Brasil,

---

168   Decreto N° 7.798, del 12 de septiembre de 2012.

169   Véase http://www.anp.gov.br.

vinculada al MME, a la que corresponde el diseño de las políticas, y está regida por la Ley 9.478/1997 y el decreto de creación 2.455/1998. Es la autoridad federal que ejecuta y regula la política nacional para el sector, con énfasis en garantizar el abastecimiento de combustibles y en la defensa de los intereses de los consumidores. A estos efectos, a la ANP le corresponde regular, a través de normas sublegales (resoluciones, instrucciones normativas), el funcionamiento de las industrias y del comercio de petróleo, gas natural y biocombustibles. Tiene la potestad de otorgar autorizaciones, mediante contratos, para las actividades de las industrias reguladas, para lo cual procederá por vía de licitaciones que conducen a la firma de convenios con los concesionarios para actividades de explotación, desarrollo y producción. Le compete fiscalizar y hacer cumplir las normas en las actividades de los sectores regulados, directamente o mediante convenios con otros organismos públicos[170]. Por la vía de las licitaciones se adjudican los distintos campos petrolíferos a las compañías ganadoras. Una vez decidida por el MME la realización de una ronda de licitaciones, a la ANP le corresponde hacer el estudio de las necesidades de inversión y proponer las características específicas del proceso licitatorio.

La conducción de la ANP está en manos de un directorio colegiado, nombrado por el Presidente de la República, con la aprobación del Senado federal y compuesto por un director general y cuatro directores con mandatos de cuatro años no coincidentes. Todas las decisiones del directorio son publicadas en la página de ANP en internet. La agencia emplea alrededor de 800 funcionarios, designados por concurso.

---

170 *Ibidem.*

El Instituto Brasilero del Medio Ambiente y de los Recursos Naturales Renovables

Este instituto tiene a su cargo las políticas ambientales y los permisos para los proyectos de petróleo y gas, incluyendo la plataforma continental. La Constitución establece que el medio ambiente es un bien de uso común del pueblo y esencial para una sana calidad de vida, imponiéndose al poder público y a la colectividad el deber de defenderlo y preservarlo[171].

Las empresas operadoras

Petróleo Brasileiro S.A. (Petrobras) nació en 1953, bajo la presidencia de Getúlio Vargas, y hasta 1995 tuvo el monopolio del manejo de los hidrocarburos en Brasil. Ya el monopolio no existe, ahora Petrobras compite con otras compañías, nacionales y transnacionales, pero no por ello ha dejado de ser la empresa más im- portante del sector, con una altísima participación en la exploración, producción, refinación, transporte y comercialización del petróleo y del gas. Tiene, además, una importante presencia internacional. Luego de perder el monopolio, y someterse a la libre competencia, las cifras evidencian que Petrobras ha seguido creciendo. No debe dejar de anotarse que, aunque Petrobras compite con compañías privadas, conserva importantes ventajas: controla los campos más importantes o más prometedores, mantiene la propiedad de la mayoría de los oleoductos y tiene participación en la mayoría de las empresas de distribución de gas. La empresa estatal tiene opciones preferenciales en El Presal y puede ser contratada por el Gobierno sin necesidad de licitación, si el CNPE lo considera necesario para preservar el interés nacional.

En 1999 fue colocada en el mercado una parte muy importante de las acciones de la empresa, quedando en propiedad del

---

171   Artículo 225. Véase la Ley 6.938, instrumento principal de regulación de los problemas ambientales.

Estado el 40% del capital y el 54% de las acciones con derecho a voto.

La Ley 12.304 del 2 de agosto de 2010 creó la empresa totalmente estatal Pre-Sal Petróleo S.A. (PPSA) encargada de monitorear y manejar los contratos de producción compartida y los contratos de comercialización en estas nuevas áreas de producción.

Los marcos regulatorios, los mecanismos contractuales y la participación del sector privado[172]

Ya hemos mencionado la Ley 9.478 del 6 de agosto de 1997, relativa a la política energética, a las actividades relacionadas con el monopolio del petróleo y la creación del Consejo Nacional de Política Energética (CNPE) y de la Agencia Nacional de Petróleo (ANP). Según el texto legal, todos los derechos de exploración y producción de petróleo en el territorio (parte terrestre, mar territorial, plataforma continental y zona económica exclusiva) pertenecen a la Unión y su administración se encomienda a la ANP[173].

En esta ley se estableció un régimen de concesiones, en dos fases, exploración y producción, otorgadas por licitación[174]. Solo pueden beneficiarse de contratos de concesión las empresas que cumplan con los requisitos técnicos, económicos y jurídicos establecidos por la ANP[175]. Si la exploración produce un resultado exitoso, la concesionaria deberá presentar a la ANP, para su aprobación, el correspondiente plan de producción[176]. Los contratos de concesión establecerán, en el pliego de la misma, partici-

---

172 Véase, además de los textos legales, Chauhan, Van Mourik y Florencio (2014).

173 Artículo 21.

174 Artículos 23 y 24.

175 Artículo 25.

176 Artículo 26.

paciones gubernamentales, tales como: bonos de asignación, regalías, participaciones especiales y pagos por la ocupación y retención de áreas[177]. Los contratos deben prever los compromisos de inversión, los compromisos de adquisición de un porcentaje de bienes y servicios locales para el desarrollo de las actividades de exploración y producción en los bloques adjudicados. Además, las empresas concesionarias se comprometen a invertir en investigación y desarrollo, por lo menos el 1% del valor de la producción bruta en el caso de campos de alta rentabilidad o de alto volumen de producción.

Los mecanismos previstos en la Ley 9.478 resultaron muy exitosos si se toma en cuenta el sustancial incremento de la producción que se produjo en la década siguiente a su entrada en vigencia.

La Ley 12.276 del 30 de junio de 2010 (presentada al Congreso por el presidente Luis Inácio Lula Da Silva) autoriza a la Unión a ceder a Petrobras, a título oneroso y sin licitación, el ejercicio de las actividades de búsqueda y extracción de yacimientos de petróleo y gas natural y otros hidrocarburos fluidos en áreas de El Presal no otorgadas previamente en concesión. De esta forma, fueron transferidos a Petrobras los derechos sobre 5.000 millones de barriles previo pago de una compensación y de las regalías establecidas en la Ley 9.478[178].

La Ley 12.351, del 22 de diciembre de 2010, regula la exploración y producción de petróleo, gas natural y otros hidrocarburos fluidos en las áreas de El Presal y en las "áreas estratégicas", estableciendo un sistema de producción compartida en el que el Estado no asume costos ni riesgos en la exploración, evaluación, desarrollo y producción. Se asigna a Petrobras la exclusividad operativa en estas áreas, pero se autoriza la inversión de otras

---

177   Artículos 45 al 52.

178   Artículo 1, parágrafos 1, 2 y 3 y artículo 4.

empresas. Las empresas internacionales pueden invertir en estas áreas, consorciadas con Petrobras, pero solo pueden controlar hasta 70% de las acciones. Con este nuevo régimen, las empresas retienen un porcentaje del petróleo producido y el resto queda en manos del Gobierno. Se prevé que el resultado de la producción inicial sirva para compensar los costos de exploración. El monto de la regalía sube de 10% a 15%.

La ley crea un fondo social que destina partes de los ingresos provenientes de los contratos de división para programas en las áreas de educación, cultura, deporte, salud pública, ciencia y tecnología y medio ambiente, y también se utiliza para mitigar los efectos del cambio climático.

Como ya se dijo, la Ley 12.304 del 2 de agosto de 2010 crea la empresa estatal Pre-Sal Petróleo S.A. (PPSA), encargada de monitorear y manejar los contratos de producción compartida y los contratos de comercialización. La PPSA no es responsable de la ejecución, directa o indirecta, de las actividades de exploración, desarrollo, producción y comercialización[179].

Como conclusión puede afirmarse que coexisten en Brasil dos regímenes regulatorios diferentes: las concesiones y los contratos de asociación en El Presal y otras áreas estratégicas. Desde el punto de vista de la distinción entre modelos abiertos y modelos cerrados, se observa que a partir de 2010 la apertura iniciada con la reforma constitucional de 1995 no ha quedado eliminada pero sí reducida, al establecer mecanismos "cerrados" para la exploración y producción en las áreas petroleras más prometedoras.

---

179   Artículo 2.

Venezuela[180]

Así como Colombia ha desarrollado el modelo más "abierto" en cuanto al manejo de su industria petrolera, Venezuela constituye hoy, a la inversa, un modelo "cerrado". Cabe además anotar que, de los cuatro países en estudio, es el único que no ha creado una agencia independiente encargada de regular la materia petrolera.

Los organismos del Estado (rectores y ejecutores)

Los ministerios

Como consecuencia de la forma presidencial que asume, la Constitución venezolana establece que "los ministros o ministras son órganos directos del Presidente o Presidenta de la República", quien los nombra y remueve[181]. Los ministros, reunidos juntamente con el Presidente y el Vicepresidente, integran el Consejo de Ministros, cuya opinión favorable es requisito para el ejercicio de numerosas atribuciones presidenciales[182]. Los ministros, como es obvio, forman parte del Poder Ejecutivo. Lo recordamos porque la nomenclatura oficial venezolana los califica como órganos del "poder popular", lo que puede prestarse a confusión.

La Constitución venezolana establece, a diferencia de los otros tres textos fundamentales en estudio, que es de la compe-

---

180 La literatura sobre petróleo en Venezuela evidencia un altísimo grado de polarización, ideologización y politización, y en ella se enfrentan los partidarios de los modelos abiertos y cerrados. Véanse: Coronel (1983), Ramírez y Gallegos (2015), Ramírez (2010), Rodríguez Sosa y Rodríguez Pardo (2013). Además, este libro contiene propuestas para el manejo de la industria petrolera venezolana. Una aproximación a la visión del Gobierno de la problemática petrolera venezolana puede encontrarse en Mommer (2003), Mendoza Potellá (2012) y Parra Luzardo (2009).

181 Artículo 242 y ordinal 3° del artículo 236. Debe anotarse además que la Asamblea Nacional puede censurar a los ministros, quienes son responsables ante ella, y que si lo hace con una mayoría de las 3/5 partes, la censura trae consigo su remoción (artículo 246).

182 Artículo 236, penúltimo parágrafo. En el parágrafo último se estable que las decisiones presidenciales, con excepción del nombramiento del gabinete y la conducción de la Fuerza Armada, solo serán válidas si son refrendadas por los ministros respectivos.

tencia presidencial "fijar el número, organización y competencia de los ministerios y organismos de la administración pública nacional"[183].

La Ley Orgánica de la Administración Pública de 2014[184] crea vicepresidencias sectoriales por encima de los ministros, que "son órganos superiores del nivel central de la Administración Pública Nacional, encargados de la supervisión y control funcional, administrativo y presupuestario de los ministerios del poder popular que determine el Presidente o Presidenta de la República"[185]. El Ministerio del Poder Popular de Petróleo y Minería queda entonces subordinado a la Vicepresidencia de Economía Productiva.

Ese mismo texto legal confirma y aclara el mandato constitucional en relación con la determinación de los ministerios: "La Presidenta o Presidente de la República, mediante decreto, fijará el número, denominación, competencia y organización de los ministerios y otros órganos de la Administración Pública Nacional, así como sus entes adscritos, con base en parámetros de adaptabilidad de las estructuras administrativas a las políticas públicas que desarrolla el Poder Ejecutivo Nacional en los principios de organización y funcionamiento establecidos en el presente Decreto con Rango, Valor y Fuerza de Ley Orgánica"[186]. Las materias competencia de cada uno de los ministerios del Poder Popular serán establecidas en el decreto que regule la organización y funcionamiento de la Administración Pública Nacional[187].

---

183 Numeral 20 del artículo 216.

184 Gaceta Oficial Extraordinaria número 6.147 de fecha 17 de noviembre de 2014, Decreto N° 1.424, mediante el cual se dicta el Decreto con Rango, Valor y Fuerza de Ley Orgánica de la Administración Pública. El encabezado del decreto ley dice que fue dictado "con el supremo compromiso y voluntad de lograr la mayor eficacia, política y calidad revolucionaria en la construcción del socialismo y la refundación de la nación venezolana".

185 Artículo 49.

186 Artículo 61.

187 Artículo 66.

Son competencias del Ministerio del Poder Popular de Petróleo y Minería[188]:

✦ La regulación, formulación y seguimiento de políticas, la planificación, realización y fiscalización de las actividades del Ejecutivo nacional en materia de hidrocarburos y energía en general.
✦ El desarrollo, aprovechamiento y control de los recursos naturales no renovables y de otros recursos energéticos, así como de las industrias eléctricas y petroleras.
✦ El estudio de mercado y análisis y fijación de precios de los productos de petróleo y del servicio de la electricidad.
✦ La prevención de la contaminación del medio ambiente derivada de las actividades energéticas y de hidrocarburos, en coordinación con el Ministerio del Ambiente y de los Recursos Naturales[189].

Las empresas operadoras

Durante la vigencia del régimen de concesiones, fue fundada, en 1960, la Corporación Venezolana de Petróleo (CVP)[190]. Fue la primera empresa petrolera estatal venezolana y, hasta la nacionalización de los hidrocarburos, operó sobre todo en el mercado doméstico de derivados del petróleo, ocupándose también, en pequeña escala, de la exploración, explotación y refinación.

El 29 de agosto de 1975 fue promulgada la ley que reserva al Estado la industria y el comercio de los hidrocarburos que nacionalizó el petróleo, asegurando el monopolio estatal. Posteriormente,

---

188 Gaceta Oficial de la República Bolivariana de Venezuela, N° 38.111 de fecha jueves 20 de enero de 2005, artículo 19.

189 El Ministerio de Ambiente y de los Recursos Naturales desapareció y fue sustituido por el Ministerio del Poder Popular para el Ecosocialismo y el Agua (Decreto N° 1.701 de fecha 7 de abril de 2015).

190 Decreto N° 260 del 19 de abril de 1960, publicado en la Gaceta Oficial N° 26.233 del 21 de abril del mismo año.

se negoció la indemnización, prevista en la Constitución de 1961, para las empresas privadas expropiadas[191]. El 30 de agosto del mismo año, por decreto, fue creada la empresa Petróleos de Venezuela S.A., persona jurídica de derecho público constituida según las normas del derecho mercantil privado[192]. Las concesionarias nacionalizadas y la CVP se transformaron en filiales de Pdvsa (14 en total) y mantuvieron el personal, en particular venezolano, que trabajaba en ellas, incluyendo la alta gerencia y los equipos técnicos, todo ello con la finalidad de aprovechar la capacidad técnica y profesional preexistente, estimular la competencia entre las distintas operadoras y mantener la eficiencia, intentando, en lo posible, no alterar la actividad petrolera diaria. Se trató de una organización novedosa que rompió con la práctica de la compañía nacional única usual en los países que habían nacionalizado el petróleo.

En 1977 las filiales operativas pasaron de 14 a siete, absorbiendo las más grandes a las pequeñas. Ese mismo año se redujeron las filiales a cinco. En 1978, se redujeron a cuatro, y en 1986, a tres: Lagoven, Maraven y Corpoven. En enero de 1998 entró en vigencia una nueva reestructuración que eliminó esas filiales y se crearon cuatro grandes empresas funcionales de negocios: Pdvsa Petróleo y Gas, Pdvsa Exploración y Producción, Pdvsa Manufactura y Mercadeo y Pdvsa Servicios, responsables de ejecutar la actividad operativa. En 1979, el Instituto

---

191 El Estado venezolano indemnizó a las concesionarias por más de Bs. 4.300 millones.

192 La vigente Ley Orgánica de la Administración Central en su artículo 103 define a las empresas del Estado de la siguiente manera: "Son personas jurídicas de derecho público constituidas de acuerdo a las normas de derecho privado, en las cuales la República, los estados, los distritos metropolitanos y los municipios, o alguno de los entes descentralizados funcionalmente a los que se refiere el presente Decreto con Rango, Valor y Fuerza de Ley Orgánica, solos o conjuntamente, tengan una participación mayor al 50% del capital social". El artículo 106 agrega: "Las empresas del Estado podrán crearse con un único accionista y los derechos societarios podrán ser ejercidos, según sea el caso, por la República, los estados, los distritos metropolitanos, los municipios o los entes a que se refiere el presente Decreto con Rango, Valor y Fuerza de Ley Orgánica, que sea titular de la totalidad de las acciones, sin que ello implique el incumplimiento de las disposiciones establecidas en la ley".

Tecnológico Venezolano del Petróleo (Intevep) pasó a ser una filial de Pdvsa.

En orden de jerarquía, el entonces Ministerio de Minas e Hidrocarburos ocupaba el más alto nivel y bajo su responsabilidad quedaba definir el lineamiento principal para el sector petrolero. Le seguía en jerarquía Pdvsa, el *holding* que supervisa y controla a las operadoras. Finalmente, las filiales se encargan de ejecutar los planes y programas operativos de la industria.

A partir de 1983, Pdvsa inicia la llamada internacionalización, un proceso de compra de refinerías fuera del territorio venezolano con la finalidad de garantizar mercados para su producción de crudos pesados[193].

Desde 1992 se abre a la participación privada en la exploración y producción de hidrocarburos, la "apertura petrolera"[194], mediante la firma de convenios operativos para la reactivación de campos petroleros marginales o inactivos. En 1993 se inician "asociaciones estratégicas" con empresas privadas para la producción y mejora de los crudos pesados y extrapesados de la Faja Petrolífera del Orinoco[195].

En 1995, previa aprobación parlamentaria, se estableció el "esquema de exploración a riesgo y ganancias compartidas" mediante el cual las compañías privadas asumían el riesgo de exploración y, si esta tenía éxito, Pdvsa se reservaba el derecho de un máximo del 35% de las empresas mixtas encargadas de producción y comercialización.

---

193 Refinerías en Curaçao, Estados Unidos, Alemania, Suecia y el Reino Unido. En algunos casos se trató de la compra del 100% de las acciones, en otras de una participación accionaria. Para un análisis crítico de esta política, véase Boué (2003).

194 En la Ley de Nacionalización se incluyó un artículo (5°) que establecía: "En casos especiales y cuando así convenga al interés público, el Ejecutivo nacional o los referidos entes podrán, en el ejercicio de cualquiera de las señaladas actividades, celebrar convenios de asociación con entes privados, con una participación tal que garantice el control por parte del Estado y con una duración determinada. Para la celebración de tales convenios se requerirá la previa autorización de las cámaras en sesión conjunta, dentro de las condiciones que fijen, una vez que hayan sido debidamente informadas por el Ejecutivo nacional de todas las circunstancias pertinentes".

195 Más adelante comentaremos este proceso.

Entre 1994 y 2003, la apertura petrolera logró una inversión privada de US$ 23.000 millones, la creación de 11.000 empleos directos y 32.000 indirectos y una producción adicional de más de un millón de barriles diarios (Rodríguez, 2006).

Pdvsa fue manejada desde su fundación hasta el inicio del presente siglo con base en una gerencia profesional, ajena a los cambios políticos, con autonomía financiera y con una política de promoción del personal basada en méritos técnicos. Estos principios le permitieron ser una empresa del Estado mucho más eficiente, con todas las fallas que puedan señalarse, que otras existentes en países que habían nacionalizado el petróleo. Durante la década 1992/2002, Venezuela fue evolucionando hacia un modelo cada vez más abierto.

En 1999, la tendencia empieza a revertirse con la elección del presidente Hugo Chávez Frías, quien tenía una concepción diferente de lo que debía ser Pdvsa. Para el nuevo presidente y sus asesores, Pdvsa se había convertido en un Estado dentro del Estado, en una "caja negra" manejada por una gerencia que pretendía imponer sus criterios por encima del Gobierno nacional y del interés público. Para quienes así pensaban, la internacionalización solo buscaba dejar de invertir en Venezuela para hacerlo en los grandes países capitalistas. La apertura petrolera era una forma disfrazada de privatización.

En los inicios del mandato de Chávez, no hubo cambios importantes, pero luego el Presidente y la gerencia de Pdvsa entraron en conflicto. El 2 de diciembre de 2002 los trabajadores de Pdvsa se declararon en paro indefinido. La producción cayó de 3,3 millones de barriles diarios en noviembre del mismo año a 700.000 barriles en enero de 2003. La crisis culminó con el despido de más de 22.000 gerentes, técnicos, empleados y obreros de la empresa. En febrero de 2003 surgió Pdvsa replanteada. El ministro de Energía y Petróleo, Rafael Ramírez, es simultáneamente ministro y presidente de Pdvsa y se reorganiza la estructura interna. Se separa la industria del gas de la industria petrolera y la empresa estatal se divide por zonas geográficas (oriente, occidente y sur) (Rousseau, 2012). La designación del ministro de Energía y Minas como presidente de Pdvsa significó un nuevo equilibro entre el diseño de políticas y la supervisión de tareas petroleras al estar ambas responsabilidades depositadas en un mismo funcionario.

Se ordenó, además, una profunda identificación de la empresa con las visiones y filosofías del Gobierno. Como parte de ese proceso, Pdvsa fue asumiendo nuevas funciones, tales como la importación y distribución de alimentos, la producción de determinados rubros agrícolas, el transporte marítimo, la construcción de viviendas, la distribución del gas comunal, el manejo de varios programas sociales, llamados "misiones", entre otras. En este sentido, la página web del Ministerio del Poder Popular de Petróleo y Minería indica que Pdvsa "es una empresa nacional, subordinada al Estado venezolano y profundamente comprometida con el auténtico dueño del petróleo: el pueblo venezolano. Nacida en el 2003, luego del triunfo sobre el sabotaje petrolero, la nueva Pdvsa está en manos del pueblo, profundizando de este modo el ejercicio de nuestra plena soberanía petrolera".

La nueva visión del petróleo se concretó en el llamado Plan Siembra Petrolera de 2005-2030[196] que contemplaba una inversión de US\$ 50.000 millones (sin incluir el gas) y que consistía en un incremento y consolidación de las reservas certificadas; el incremento de la explotación de la faja del Orinoco y del mejoramiento de sus crudos pesados; un crecimiento sustancial de la capacidad de refinación, tanto en Venezuela como en la región; la integración energética a nivel continental a través de la construcción de una red de oleoductos y gasoductos que cubriría América Central, el Caribe y América del Sur, y, por último, una

---

196 Véase el discurso del presidente Chávez en la presentación del plan (18 de agosto 2005), en la página web de Pdvsa: http://www.pdvsa.com/index.php?tpl=interface.sp/design/biblioteca/readdoc.tpl.html&newsid_obj_id= 770&newsid_temas=110.

mucho mayor producción de gas. Para 2012 se preveía un incremento de la producción a 5 millones de barriles diarios. El Plan Siembra Petrolera fue adaptado por Pdvsa para el período 2006-2012, estableciendo para el último año del lapso una producción de 5.837.000 barriles diarios, de los cuales algo más de cuatro millones serían producidos por la empresa estatal y 1.800.000 barriles por las empresas mixtas. Se establecían metas ambiciosas en cuanto al gas, incluyendo, para 2010, la entrada en producción del Complejo Industrial Gran Mariscal de Ayacucho en el este del país y la adecuación de 500.000 vehículos para operar con gas. Se previó la construcción de tres nuevas refinerías. Los resultados, tres años después de vencido el lapso, distan de las metas planificadas (Ramírez y Gallegos, 2015: 104-105).

En 2007 se anunció el Plan de Plena Soberanía Petrolera que ponía fin a la apertura petrolera y obligaba a las empresas contratistas a integrar con Pdvsa compañías mixtas en las cuales la empresa estatal tendría mayoría accionaria (Guía/Reporte de la Economía, 2007).

La Constitución venezolana establece, como atribución del Presidente de la República, formular el Plan Nacional de Desarrollo y dirigir su ejecución, previa aprobación de sus lineamientos por la Asamblea Nacional[197]. Aunque no fue objeto del proceso estipulado de formación de la ley, pues fue aprobado sin mayor debate, fue promulgado y publicado como ley de la república[198] con cumplimiento obligatorio. El plan, que incluye un conjunto de objetivos y subobjetivos que llevarían a convertir a Venezuela en un "país potencia" (especialmente en lo energético), se estableció una meta de producción de 3,3 millones de barriles diarios para 2014 y de 6 millones para 2019[199].

---

197   Numeral 8 del artículo 187 y 18 del artículo 236.

198   Gaceta Oficial Extraordinaria N° 6.118 del 4 de diciembre de 2013.

199   Para un análisis crítico del Plan de la Patria, véase Coronel (2013).

Se produjo igualmente un cambio en la política de internacionalización. El objetivo de la misma dejó de ser el aseguramiento de mercados para los crudos venezolanos y adquirió una connotación geopolítica. En la ejecución de este nuevo diseño se abandonó la presencia venezolana en varias refinerías de Alemania y Estados Unidos y se adquirió participación en refinerías en Cuba, Jamaica y República Dominicana. Planes para la construcción de refinerías en Brasil, Ecuador y Nicaragua no se llegaron a concretar.

El número de trabajadores de Pdvsa pasó de 39.300 en 2002 a 117.770 en 2014[200]. La inversión en exploración de hidrocarburos disminuyó considerablemente y la producción cayó de 3.200.000 barriles diarios a 2.600.000[201].

Isabelle Rousseau, investigadora del Colegio de México y del Centre d'Études et de Recherches Internationales del Instituto de Ciencias Políticas de París, ofrece el siguiente balance (Rousseau, 2012: 37):

Como consecuencia de estas transformaciones, Pdvsa perdió su imagen de empresa modelo en el mundo de la industria petrolera internacional. Las cifras, aunque de poca credibilidad por no haber sido validadas por entes independientes, hablan por sí solas. Si bien es cierto que con la reciente certificación de la Faja del Orinoco, Venezuela tiene las mayores reservas del planeta (276 millones de millones de barriles), la producción de crudo se mantiene estacionaria desde hace más de 10 años: 2,9 millones de barriles diarios en 2010 versus 3,2 millones en 1998. La producción actual de las empresas mixtas es muy inferior a aquella de los [*Operation Service Agreements*] OSA y de las asociaciones estratégicas a fines de los años noventa. Y las inversiones de los

---

200 Informe Pdvsa 2014.
201 Datos de la Agencia Internacional de Energía.

operadores extranjeros son muy bajas. La industria del gas natural no ha despegado a pesar de los diversos planes formulados. El país sigue importando gas de Colombia a pesar de disponer de las reservas más grandes de América Latina. La politización extrema del proceso de toma de decisiones y la ausencia de personal altamente calificado, la gran dispersión de la empresa que no se focaliza en su *core business* y la ausencia de seguridad jurídica explican en gran medida estos resultados desalentadores.

El 10 de febrero de 2016 fue creada la Compañía Anónima Militar de Industrias Mineras, Petrolíferas y de Gas (Camimpeg), adscrita al Ministerio de la Defensa, organismo que designará la directiva de este nuevo ente. La finalidad de Camimpeg es, según la exposición de motivos de su decreto de creación, "incorporar los insumos y la gestión administrativa y financiera de la Fuerza Armada Nacional Bolivariana para coadyuvar en el crecimiento de los procesos de exploración petro- lera y minera". El Gobierno venezolano ha sido extremadamente parco en relación con los motivos que conducen a la creación de Camimpeg y a la naturaleza exacta de sus funciones.

Los marcos regulatorios, los mecanismos contractuales y la participación del sector privado
La materia petrolera se rige en Venezuela por la Ley Orgánica de Hidrocarburos (LOH) del 24 de mayo de 2006[202], cuyo objeto se define en su primer artículo: "Todo lo relativo a la exploración,

---

202 Mediante este texto se derogó la Ley de Hidrocarburos del 13 de marzo de 1943, reformada parcialmente por las leyes de Reforma Parcial de la Ley de Hidrocarburos del 10 de agosto de 1955 y la del 29 de agosto de 1967; la Ley Sobre Bienes Afectos a Reversión en las Concesiones de Hidrocarburos, del 6 de agosto de 1971; la Ley que Reserva al Estado la Explotación del Mercado Interno de los Productos Derivados de Hidrocarburos, del 22 de junio de 1973; la Ley Orgánica que Reserva al Estado la Industria y el Comercio de los Hidrocarburos, del 29 de agosto de 1975, y la Ley Orgánica de Apertura del Mercado Interno de la Gasolina y Otros Combustibles Derivados de los Hidrocarburos para Uso en Vehículos Automotores, del 11 de septiembre de 1998.

explotación, refinación, industrialización, transporte, almacenamiento, comercialización, conservación de los hidrocarburos, así como lo referente a los productos refinados y a las obras que la realización de estas actividades requiera, se rige por esta Ley"[203]. La LOH denomina "actividades primarias" las relativas a la exploración en busca de yacimientos de hidrocarburos, la extracción de los mismos en estado natural, su recolección, transporte y almacenamiento iniciales. Las actividades primarias, así como las relativas a las obras que su manejo requiera, quedan reservadas al Estado[204], que las asume directamente o a través de empresas 100% públicas o por expresas mixtas con participación estatal mayor del 50% y en algunos casos del 60%. En la refinación de hidrocarburos pueden participar tanto las empresas públicas como las privadas, pero corresponde al Ministerio de Energía y Petróleo el otorgamiento de la licencia[205].

Corresponde a la Asamblea Nacional la autorización para la constitución de empresas mixtas así como la aprobación de las condiciones que regirán la realización de sus actividades. La propuesta debe ser formulada por el Ejecutivo nacional y la Asamblea puede modificar las condiciones propuestas o establecer otras. Es importante destacar que, en los instrumentos mediante los cuales se otorgue esta autorización, se podrán establecer ventajas especiales para la república, tales como el aumento de la regalía, de las contribuciones u otras contraprestaciones previstas en esta ley; el empleo y cesión de nuevas y avanzadas tecnologías, así como el otorgamiento de becas, oportunidades de entrenamiento técnico u otras actividades de desarrollo del factor humano[206].

En la selección de las empresas que podrán asociarse con el Estado, se promoverá la concurrencia de diversas ofertas. A es-

---

203 Artículo 1.
204 Artículo 9.
205 Artículo 12.
206 Artículo 36

tos efectos, el Ejecutivo nacional, por órgano del Ministerio de Energía y Petróleo, creará los respectivos comités para fijar las condiciones necesarias y seleccionar a las empresas. El Ministerio de Energía y Petróleo podrá suspender el proceso de selección o declararlo desierto, sin que ello genere indemnización alguna por parte de la república. Por razones de interés público o por circunstancias especiales de las actividades, podrá hacerse escogencia directa de las operadoras, previa aprobación del Consejo de Ministros.

En marzo de 2006 se pusieron límites a la participación privada en la actividad petrolera en Venezuela mediante la eliminación de 32 convenios operativos. La Asamblea Nacional aprobó la regulación de las nuevas empresas mixtas en las cuales Pdvsa tenía el 50% de las acciones. Ese porcentaje fue elevado posteriormente al 60%. Las empresas extranjeras pasaron entonces a ser socias de la empresa estatal venezolana. Se cambiaron igualmente las condiciones fiscales procurando que la carga fiscal iguale el ingreso bruto de la empresa mixta. El petróleo producido por estas tiene que ser comercializado por Pdvsa. Uno de los puntos más importantes de esta nueva modalidad lo constituye el hecho de que Pdvsa asume, como consecuencia de su participación accionaria, el 60% del monto de las inversiones (Ramírez y Gallegos, 2015: 108).

En 2007, por decreto ley, se estableció que las asociaciones estratégicas de la Faja del Orinoco, de la cual Pdvsa era accionista minoritaria, pasarían a ser empresas mixtas con mayoría accionaria para la empresa estatal. Para 2014 se habían constituido 44 empresas mixtas con 49 socios de 21 países.

El 7 de mayo de 2009 se aprobó la ley que reserva al Estado los bienes y servicios conexos a las actividades petroleras. Los bienes y servicios que se regresaron al Estado después de haber sido tercerizados fueron:

- ✦ Los requeridos para la inyección de agua, de vapor o de gas, que permiten incrementar la energía de los yacimientos y mejorar el factor de recobro.
- ✦ Aquellos necesarios para compresión de gas.
- ✦ Los bienes y servicios vinculados a las actividades en el Lago de Maracaibo: lanchas para el transporte de personal, buzos y mantenimiento; barcazas con grúa para transporte de materiales, diésel, agua industrial y otros insumos; remolcadores; gabarras planas, boyeras, grúas, servicios de ripio, de tendido o reemplazo de tuberías y cables subacuáticos; servicios de mantenimiento de buques en talleres, muelles y diques de cualquier naturaleza[207].

La mayoría de las empresas dedicadas a estas actividades declaradas de utilidad pública, por su "carácter estratégico", fueron expropiadas sin pago de indemnización.

En la legislación venezolana se regula la industria del gas en un texto legal separado: la Ley Orgánica de Hidrocarburos Gaseosos del 12 de septiembre de 1999, aprobada por la vía de un decreto ley. Este texto se refiere a las actividades de exploración en busca de yacimientos de hidrocarburos gaseosos no asociados y la explotación de tales yacimientos, así como la recolección, almacenamiento y utilización tanto del gas natural no asociado proveniente de dicha explotación como del gas que se produce asociado con el petróleo u otros fósiles; el procesamiento, industrialización, transporte, distribución, comercio interior y exterior de dichos gases. Estas actividades pueden ser ejercidas por el Estado directamente o mediante entes de su propiedad o por personas privadas nacionales o extranjeras, con o sin la participación del Estado. Esta Ley regula igualmente lo referente a los hidrocarburos líquidos y a los componentes no hidrocarburados

---

207 Artículo 2.

contenidos en los hidrocarburos gaseosos, así como el gas proveniente del proceso de refinación del petróleo.

De los cuatro países en estudio, Venezuela es el único miembro de la OPEP. Como es sabido, se trata de una organización intergubernamental fundada en 1960 por iniciativa de los gobiernos de Venezuela y Arabia Saudita, que hoy en día agrupa a 13 países exportadores de petróleo. Su objetivo fundacional es coordinar y unificar las políticas petroleras entre los países miembros para garantizar precios justos y estables para los productores, estabilizar el mercado internacional y asegurar al mundo un suministro continuo y estable.

La actividad petrolera venezolana se encuentra igualmente regida por otros convenios internacionales, que tienen fuerza de ley. Destacamos, entre otros:

✦ El Acuerdo de Cooperación Energética Petrocaribe (2005), suscrito con 16 países y que contempla cuotas de suministro por parte de Venezuela a los cofirmantes, con lapsos de financiamiento de entre 15 y 23 años, dos años de gracia, bajos intereses dependiendo del precio del petróleo y que pueden cancelarse con bienes y servicios[208].

✦ El Convenio Integral Cuba-Venezuela (2000, con varias enmiendas): Venezuela suministra a Cuba 90.000 barriles diarios de petróleo, de los cuales una cuarta parte es gratuita. No se establece obligación de destinar ese petróleo al consumo interno, lo que permite su reexportación. Se estima que el convenio ha significado para Cuba un ingreso superior a los US$ 4.000 millones a cambio de asistencia técnica en sectores sensibles como la salud, la educación, la seguridad alimentaria, el deporte, el desarrollo agrícola y agroindustrial,

---

208 Antigua y Barbuda, Bahamas, Belice, Cuba, Dominica, Granada, Guyana, Jamaica, República Dominicana, San Kitts y Nevis, San Vicente y las Granadinas, Santa Lucía y Suriname, a los cuales se agregaron Haití, Nicaragua y Guatemala, que se retiró en 2013.

la cultura, la ciencia y la tecnología, entre otros (Corrales, 2005).

✦ A través de otros convenios, Venezuela suministra petróleo en condiciones preferenciales a Uruguay, Argentina, Bolivia y Paraguay, además de hacerlo a los países ya citados[209].

---

209 Véase Ramírez y Gallegos (2015), apéndice 10, tabla 5.

El régimen fiscal y de participación en las ganancias

Tal como hemos visto en las secciones anteriores, las actividades y proyectos de hidrocarburos se desarrollan esencialmente en función de un contenido jurídico y otro económico. El contenido jurídico se encuentra determinado por el marco legislativo y regulatorio establecido por cada Estado para el desarrollo ordenado de la actividad, así como por las bases de seguridad jurídica y garantías operativas que de él derivan. Estas bases determinan las formas de participación privada en la actividad, así como las modalidades contractuales disponibles para los operadores o partes actoras. A su vez, estas bases determinan en primera instancia el interés de inversión foránea y, para el Estado, la proyección y medida del éxito en la eficiente explotación y administración de sus recursos (esto es: el aprovechamiento de las oportunidades presentes y la preservación de sus recursos naturales en el tiempo).

El contenido económico, por su parte, viene determinado tanto por las variables macroeconómicas y elementos referenciales generales de la economía nacional (inflación, balanza de pagos, PIB) como por los niveles de rentabilidad que las partes intervinientes aspiran por su participación en los diferentes proyectos y modalidades operativas. Así, mientras cada Estado define y persigue objetivos y resultados económicos en función de su participación como propietario u operador en cada proyecto o contrato de hidrocarburos, cada operador privado, nacional o foráneo, asociado con el desarrollo de actividades de hidrocarburos, administra sus recursos a lo largo de la vida del proyecto, tomando en cuenta inversión, activos, gastos, retorno de capital y objetivos corporativos particulares. Cualquiera sea el caso, el nivel y proyección de rentabilidad, participación y ganancia se encuentra definido por el régimen fiscal aplicable por cada Estado a la actividad.

El régimen fiscal se encuentra a su vez definido por directrices de política fiscal nacional que, como parte de la actividad financiera de cada Estado, se orientan a la administración eficiente de los recursos para la satisfacción de los gastos y funciones del Estado. Estos recursos pueden ser originarios o derivados, ordinarios o extraordinarios, presupuestarios o no, de origen privado o público, patrimoniales o tributarios. A través de estas directrices generales se determinan los regímenes fiscales particulares de los distintos sectores de la economía nacional, incluyendo el de hidrocarburos.

Dentro de este contexto, el régimen fiscal de hidrocarburos consiste en el conjunto de cargas y derechos económicos que impone o tiene el Estado sobre las actividades de hidrocarburos, sean estas tributarias o no, y se encuentren estas derivadas de su poder imperio, o su sola participación como operador o parte en los distintos proyectos o contratos petroleros. Lo primero que destaca de esta noción es su amplitud, en tanto no se limita a los recursos netamente tributarios, sino que se extiende, tanto a los derechos adicionales asociados con su simple titularidad sobre el recurso natural (regalías y otros derechos económicos), como a aquellos ingresos a los que el Estado tiene derecho como operador, accionista o socio contratante en los distintos proyectos y contratos petroleros (es decir, la rentabilidad directa sobre el proyecto). Lo segundo a destacar es que el régimen fiscal desempeña un rol esen- cial no solo para el Estado en la determinación y proyección de su renta petrolera (entendida esta como el ingreso final obtenido por la suma de los ingresos mencionados), sino para los operadores privados del sector, ya que, por vía de consecuencia, sus márgenes de rentabilidad estarán directamente definidos por lo que no corresponda al Estado en los proyectos.

El ingreso derivado para el Estado en virtud de las regalías petroleras y los impuestos aplicables a las actividades de exploración, extracción y comercialización (incluyendo impuesto sobre la renta y las ganancias del proyecto petrolero en particular), producción y/o comercialización, es conocido como el *government take*. El mismo ingreso, sumado a aquellos obtenidos por dicho Estado por cualquier otro concepto, incluyendo otros derechos económicos igualmente sobre exploración o extracción, y las ganancias por participación directa o indirecta como accionista en las empresas mixtas o socio contractual (es decir, parte) de las operadoras públicas y privadas, se conoce como el *state take*. Por contrapartida a estos conceptos, surge el de *contractor take*, que se refiere a la participación que obtiene la empresa operadora en las ganancias del respectivo proyecto petrolero.

El *government take* y la realidad actual: rigurosidad vs. flexibilidad

El *government take* es el indicador por excelencia de rentabilidad y seguridad jurídica de la actividad petrolera desarrollada por vía licencia o contrato en una jurisdicción territorial. Cada Estado establece su régimen fiscal y el *government take* acorde con sus propias necesidades y coyunturas políticas, sociales y económicas. Sin embargo, salvo contadas excepciones, la fórmula tradicional de los países de la región ha consistido en incrementar su participación en la medida que se descubren importantes yacimientos y se proyecta mayor éxito en la producción (bien por elevación de los niveles y capacidad productiva, bien por simple incremento de los precios del crudo). Con algunas excepciones (Colombia, México), a mayor proyección de éxito en el desarrollo del sector hidrocarburos, los Estados latinoamericanos han orientado su sistema fiscal a ser más gravoso para los operadores (Venezuela)[210].

La mencionada fórmula tradicional parece razonable en la medida que la demanda y precio del crudo se mantengan estables o en crecimiento, o los pozos o yacimientos sean tan exitosos como se proyectaron, pero al momento en que estas condiciones varían, como ocurre en la realidad actual con respecto a uno o más de los elementos de valoración global, el *government take* se convierte en la espada de Damocles para la captación eficiente de inversiones y recursos propios del sector. En otras palabras, la rigurosidad de esquemas fiscales en situaciones de cambios volátiles de los factores o variables económicas inherentes a ella, así como excesivos o irrazonables gravámenes y cargas económicas sobre el sector, pueden desincentivar la inversión o interés económico de los operadores. Y aun cuando la misma regla podría aplicar para el *state take*, es al menos reconocible el hecho de que en este último la participación del Estado sobre utilidades y beneficios varía junto con la de las operadoras privadas, y el resultado tiende, por tanto, a ser más flexible.

La realidad actual y de los venideros años exige comprensión, tanto de la evolución de esta industria como de las necesidades cambiantes del mercado, la economía global y los inversionistas. Más aún, exige el entendimiento de que las operadoras petroleras internacionales tienen que encontrar incentivos y beneficios en los sistemas fiscales regionales, para continuar desarrollando inversiones de capital y tiempo, en épocas cuando el bajo precio

---

210 Actualmente, México y Brasil tienen el menor *government take* de los Estados bajo estudio (60,75% y 70%, respectivamente), con Colombia sostenida en un nivel relativamente exitoso hasta hace un par de años (75%) y Venezuela con 95%. Como elemento común, mientras cada Estado se adapta, se enfrenta a la más dramática reducción de los precios del petróleo de los últimos tiempos, la cual promete extenderse.

del crudo limita severamente sus proyecciones financieras. Una política inteligente en este sentido es la de descargar a las operadoras petroleras estatales para fomentar aún más la participación privada y compartir riesgos y utilidades, pues la participación estatal mayoritariamente controladora y hegemónica del Estado resulta poco atractiva para intereses privados en tiempos cuando la actividad en sí no se proyecta tan rentable. Un ejemplo de ello sería el reciente anuncio de México de descargar a la petrolera estatal Pemex por vía incentivos a los inversionistas extranjeros, siendo uno de ellos la liberación de impuestos por importación de combustibles por parte de los operadores.

La discusión que se plantea, entonces, es si los Estados deben recargar su *government take* o si, por el contrario, deben flexibilizarlo o graduarlo (incentivar la inversión), teniendo en cuenta que la sola reducción de los precios del crudo supone una reducción de los ingresos del Estado como propietario y titular, más allá de su política fiscal. En situaciones de altos precios, el mercado de concesiones y contratos petroleros se dinamiza, mientras que en situaciones contrarias, de bajos precios, la inversión de las compañías internacionales se desacelera. Y aunque obvio, la alta dependencia que tienen los Estados de los ingresos derivados del petróleo hace complejo flexibilizar o reducir este *government take*, por lo cual se genera una contraposición de intereses para la inversión en el sector.

El mecanismo de ajuste o flexibilización del *government take* luce a nuestra vista como la mejor vía para mantener competitividad en los niveles de inversión y participación privada, así como control sobre la actividad y sus ingresos en el tiempo. Esta flexibilización puede materializarse por medio de la aplicación de fórmulas o elementos variables a las formas tradicionales de regalías, tributos y demás cargas tributarias aplicadas a los proyectos o contratos del sector, sin perjuicio de que la optimización y sofisticación de formas corporativas privadas, para la asignación de riesgos y beneficios a los participantes, tiene una significativa influencia[211].

Las cargas económicas tradicionales

Como hemos visto en secciones anteriores de este informe, las actividades petroleras del Estado se materializan por medio de contratos. La clasificación tradicionalmente aceptada de estos contratos es la siguiente: i) contratos de licencia (o también denominados sistemas contractuales de regalías e impuestos), ii) contratos de producción compartida y iii) contratos de servicios. La distinción fundamental entre los distintos tipos de contratos se basa en la titularidad sobre el recurso y la atribución de riesgos. Mientras que en los primeros la propiedad del recurso se traslada del Estado a las compañías operadoras, y con ello todos los riesgos asociados con la exploración y explotación también, en el resto de los contratos la propiedad sobre el recurso la mantiene el Estado. A su vez, las cargas económicas aplicadas sobre este tipo de contratos abarcan desde regalías y derechos por el acceso al recurso propiedad del Estado hasta los impuestos por exploración y extracción, los bonos o primas dinerarias por firma del contrato o producción y, finalmente, los impuestos a la renta y a las ganancias.

---

211 En las últimas décadas, la industria petrolera ha incorporado novedosas formas contractuales y de repartición de esfuerzos, normalmente con origen en el derecho contractual privado, que permiten a los participantes establecer nuevos parámetros para asegurar la titularidad sobre activos y la distribución de riesgos exploratorios, de producción, responsabilidades, beneficios y pérdidas, en las distintas etapas de las operaciones petroleras. Por ejemplo, a finales de los años noventa, las rondas de la apertura petrolera en Venezuela incorporaron los llamados "contratos de mancomunidad" u "operaciones mancomunadas", que bajo la legislación local garantizaban la propiedad individual de activos para los participantes y la distribución proporcional de riesgos exploratorios y ganancias, bajo un tratamiento fiscal mucho más conveniente que el aplicable a los consorcios. A su vez, la actividad era controlada por una operadora común, que fungía como centro de control para el proyecto y los participantes. Esta forma contractual ofreció, tanto al Estado como a los participantes, mayor transparencia en la vida de los proyectos petroleros, así como incentivos fiscales que no derivaron directamente del régimen fiscal establecido por el Estado venezolano para las actividades de hidrocarburos, sino de la forma contractual adoptada. Esta evolución en las formas contractuales es frecuente en el sector petrolero en las distintas etapas de cada proyecto, pero depende en última instancia del marco de legalidad establecido y vigente en cada Estado.

En términos generales, estas cargas económicas son concebidas por los distintos Estados con cierta uniformidad, tal como se expone de seguidas.

Regalías

Sin perjuicio de que la legislación y regulación de cada Estado pueda darles contenido y alcance propio, las regalías son normalmente concebidas como las contraprestaciones económicas exigidas por el Estado y pagadas por los operadores petroleros, bajo contratos de licencia y producción, por el acceso a la explotación de los recursos de hidrocarburos. Estas contraprestaciones pueden ser fijas o de escala variable y pueden aplicar en cualquier etapa de las actividades verticalmente integradas y exclusivas de hidrocarburos. El monto de las regalías se determina generalmente en función del volumen de producción, aunque puede obedecer a otros factores como precios o valores prefijados por el Estado.

El pago de las regalías puede ser exigido en dinero o en especie. A su vez, se exige sin tomar en cuenta deducciones de costos y gastos, o la rentabilidad de los proyectos de hidrocarburos, lo cual puede generar efectos gravosos en circunstancias de contrariedad del mercado o éxito financiero del proyecto de hidrocarburos. Esta situación ha ocasionado cierta reacción en la industria, al punto que los Estados han comenzado a establecer escalas variables en función de los niveles de producción, el éxito del proyecto, la vida del yacimiento, o incluso la complejidad de los yacimientos en explotación, como sucede con los yacimientos no convencionales[212]. Estas últimas variables son, en todo

---

212 Los yacimientos no convencionales son aquellos que suponen mayor complejidad en cuanto a la recuperación, afectación de áreas geográficas, e incluso formas de perforación y producción, con respecto a los yacimientos comúnmente conocidos como convencionales. En la terminología actual de la producción petrolera suele distinguirse entre: i) yacimientos de *shale gas* o *shale oil*, que suponen factores de recuperación de los hidrocarburos más lentos y costosos (es decir, requieren la explotación de un número de pozos); ii) yacimientos

caso, ejemplos de las formas de flexibilización del *government take* disponibles para los Estados en función de la evolución y complejidad de la industria.

Además de las regalías, y como cargas económicas manifiestamente distintas a estas, los Estados implementan igualmente una serie de derechos económicos (con naturaleza eminentemente de regalías o impuestos, según el caso), sobre distintos valores o elementos referenciales asociados con las actividades de explotación de hidrocarburos. Los impuestos se distinguen de las regalías, en tanto no derivan de la titularidad que tiene el Estado sobre el recurso o el acceso a este, sino de las facultades que tiene el Estado de establecer cargas impositivas sobre determinados elementos de producción de la economía nacional. Con más frecuencia de lo que se piensa, la distinción no es simplemente semántica, pues supone sujetos activos distintos para recolección y destinación de los fondos, sublegalización de algunos factores de determinación de las cargas y la inclusión o no de elementos progresi- vos propios de los sistemas tributarios.

Impuestos propios a la actividad petrolera

Entre los impuestos y derechos tradicionalmente establecidos por los Estados y directamente asociados con actividades propias de hidrocarburos se encuentran los de extracción y exportación. Los impuestos o derechos de extracción gravan como su nombre lo dice la actividad de extracción de hidrocarburos, y consisten en alícuotas o porcentajes fijos o variables aplicados a los hidrocarburos extraídos, medidos por volumen a boca de pozo, tomando en cuenta un precio o valor convenido. Los impuestos o derechos de exportación, por su parte, gravan la actividad de exportación de los hidrocarburos y consisten en una alícuota

---

de mayor extensión geográfica, que son más propensos a afectar áreas de alta densidad (es decir, yacimientos de pizarra), y iii) los yacimientos de perforaciones invasivas, que involucran perforaciones direccionales o fracturación hidráulica (*fracking*).

fija o variable aplicada a un valor convenido de los hidrocarburos exportados.

Otros impuestos propios del sector pueden referirse a la superficie de explotación, o al consumo propio o general de los hidrocarburos. Colombia y Venezuela, por ejemplo, establecen ambos impuestos, el primero sobre el espacio geográfico concedido para explotación (explotado o no, según el caso) y determinado mediante tarifas fijas o variables aplicadas sobre una medida de espacio territorial determinada (km^2), durante un período de tiempo, y el segundo sobre la utilización de hidrocarburos, tanto por las operadoras en sus actividades de producción como por los consumidores finales de los mismos. En ambos casos pueden establecerse alícuotas fijas o variables, sobre distintas medidas de consumo de estos actores. Asimismo es frecuente observar impuestos o derechos adicionales sobre los hidrocarburos, cuando el valor de estos exceda de un valor convenido. Estos son los impuestos o derechos sobre precios altos o extraordinarios.

Bonos y primas

También son frecuentes en la actividad de hidrocarburos las cargas económicas que consisten en primas y bonos por la firma de contratos y la producción en alguna etapa particular del proyecto. Estos bonos y primas son normalmente pagados en efectivo al momento de causación del evento que da lugar a los mismos. Los bonos de firma están representados por una cuota dineraria única pagada por el operador al momento en que el contrato petrolero es otorgado o concedido, mientras que los bonos de producción, que igualmente se pagan en dinero, se generan y aplican sobre uno o más eventos que tienen lugar durante el desarrollo de un proyecto petrolero (una determinada fecha dentro del proyecto, la ocurrencia de un descubrimiento comercial, el comienzo de la producción o el alcance de un determinado nivel de producción).

Impuestos sobre las ganancias

Por último, sin perjuicio de los impuestos específicos a las actividades del sector, las operadoras de hidrocarburos y empresas mixtas quedarán siempre sujetas al impuesto corporativo sobre la renta, que gravará progresivamente las utilidades o ganancias (esto es, luego de costos y gastos) derivadas para estos actores de la actividad de hidrocarburos concebida como actividad generadora de rentas en general. Cada Estado establece en su respectiva legislación, y conforme a sus parámetros de política fiscal nacional, las deducciones permitidas, así como los incentivos de inversión en activos relacionados con la industria, a los fines de la determinación del enriquecimiento neto, que normalmente constituye el elemento referencial o base de cálculo para la determinación del impuesto. En algunos casos las alícuotas correspondientes a las actividades de hidrocarburos se establecen separadamente, y con carácter más gravoso, a aquellas aplicables a otros elementos de renta de la economía nacional.

Complementariamente, y como a cualquier otra actividad económica independiente en la medida que se verifique el correspondiente hecho generador, las actividades directas o indirectas asociadas con hidrocarburos suponen el pago de impuestos indirectos al valor agregado (IVA), derechos aduaneros sobre importaciones y exportaciones, *drawback*, importaciones temporales y demás regímenes aduaneros especiales, así como impuestos municipales, sobre precios, y el pago de derechos de registro, tasas (o equivalentes a tasas en la tradicional clasificación de los tributos) y contribuciones parafiscales (seguro social, nómina, etc.).

Dividendos y participación en las empresas mixtas o proyectos petroleros

Aunque no precisamente cargas de naturaleza tributaria, o derechos como contraprestación o remuneración por el acceso a los bienes o recursos propiedad del Estado, incluimos en esta sección la participación del Estado en las empresas operadoras mixtas en calidad de accionista, con porcentajes variables, a través de su empresa petrolera estatal o sus filiales, así como en condición de socio de las operadoras privadas, en los distintos contratos de gestión, desarrollo, explotación o comercialización de hidrocarburos.

Los Estados participan en la actividad petrolera como operadores directos e indirectos, para además de los derechos e impuestos sobre el uso de superficie, volúmenes de producción o actividad en sus distintas etapas, obtener rentabilidad en cada uno de los proyectos petroleros aprobados y asignados a los distintos operadores privados. Los Estados, entonces, participan: i) en calidad de accionistas, esto es, formando parte del capital accionario de las empresas compuestas por capital público y privado para el desarrollo de algún proyecto petrolero, en algunos casos imponiendo un mínimo de porcentaje accionario para asegurar el control de administración y disposición sobre ciertas decisiones corporativas, e incluso beneficios corporativos, y ii) en calidad de socios de los contratos, en el sentido de que actúan en sociedad operativa, por medio de sus filiales, con contratistas privados, mediante contratos operativos y de servicios, obteniendo una rentabilidad proporcional a sus aportes al respectivo proyecto.

Estos ingresos, que en última instancia se convierten en dividendos pagados por las empresas desarrolladoras al Estado como accionista, o en distribuciones proporcionales a su participación contractual, según el caso, forman siempre parte del agregado de ingresos derivados de hidrocarburos que conforman la renta petrolera de cada Estado y de su correspondiente sistema fiscal.

Los elementos variables de flexibilización del *government take*

Repasadas, como han sido, tanto las formas contractuales normalmente aceptadas en la actividad de hidrocarburos, como la variedad de cargas que generalmente aplican sobre las distintas actividades de hidrocarburos, conviene retomar la referencia a la importancia y modalidades de los esquemas de flexibilización y variables comúnmente utilizadas por los Estados para flexibilizar el *government take*.

Como ha sido previamente señalado, la flexibilización del régimen fiscal de un Estado, y del respectivo *government take*, supone y se sustenta en la implementación de herramientas variables a las distintas cargas económicas que tradicionalmente aplican sobre las actividades de hidrocarburos (regalías, impuestos petroleros y a la renta, otras contribuciones).

Entre las herramientas fundamentales se encuentran las siguientes:

Las escalas móviles o variables, que consisten en un rango progresivo de alícuotas o tarifas aplicadas a regalías, derechos e impuestos sobre hidrocarburos, con la intención de evitar o minimizar las distorsiones que generan dichas cargas en situaciones de poca o nula rentabilidad de los proyectos de hidrocarburos. Este rango progresivo consiste esencialmente en escalas tarifarias que se van graduando, de menor a mayor, sobre la base de indicadores económicos adicionales y complementarios como: el volumen de producción, el precio de venta e incluso la profundidad del lecho del mar en los proyectos de exploración y explotación de hidrocarburos. El caso de los yacimientos no convencionales vuelve a cobrar vigencia, en el sentido de que implican mayores riesgos, costos y tiempos que los estimados para los yacimientos convencionales y, en consecuencia, exigen mayor flexibilidad al momento de aplicar regalías o derechos económicos por el solo uso del subsuelo o su explotación.

El factor R, que consiste en determinar una medida o indicador de rentabilidad en un proyecto de hidrocarburos determinado, asociado mayormente con precios, costos, tiempo y tasas de producción. Se distingue de la escala móvil en tanto esta última supone la aplicación de una alícuota según el volumen de producción, mientras que el factor R supone una fórmula basada en ingresos y costos acumulados de los proyectos, la cual es constantemente revisada y aplicada en los contratos para determinar en definitiva la alícuota correspondiente al proyecto en particular. Mientras la escala variable está predefinida, el factor R varía y arroja cada vez un resultado distinto (alícuota), sobre la base de costos de operación y capital, así como de ingresos, para cada proyecto en particular.

Los contratos de tasas de retorno, que establecen y ajustan la participación del Estado en función del rendimiento de cada proyecto de hidrocarburos. Estos contratos se caracterizan por iniciar con tasas o alícuotas bajas al inicio del proyecto, hasta que este comience a ser rentable. Este proceder incentiva la inversión, pero, lógicamente, una vez alcanzada una rentabilidad en el proyecto, la participación del Estado comienza a aumentar (Olade, 2010: 12-15).

Otros esquemas de flexibilización se logran por vía de costos de los proyectos. Es posible establecer límites en la recuperación de los costos por parte de los operadores y la posibilidad de recuperarlos en los años subsiguientes del proyecto. Asimismo, según el proyecto y posición del Estado en particular, puede establecerse una atribución de costos por proyecto separado (conocida como *ringfencing*), o la consolidación de los costos de distintos proyectos a cargo de un mismo operador. Evidentemente, los beneficios de la recuperación eficiente de costos por estas vías más flexibles suponen un incentivo para el operador por la mitigación de su riesgo exploratorio y la posibilidad para este de al menos recuperar la inversión en el proyecto.

Además de las anteriores modalidades, el impuesto por precios altos, o a las ganancias extraordinarias y/o exorbitantes, son también concebidos mecanismos de flexibilización de la participación del Estado en la actividad. Una vez alcanzado un valor determinado, precio de mercado o referencial del crudo, o en otras instancias un volumen de producción o de rentabilidad determinado de los operadores, se activa un gravamen complementario al que habría aplicado sobre el operador de no haberse alcanzado estos niveles. Normalmente este gravamen consiste en la aplicación de un porcentaje adicional, o fórmula variable, basado fundamentalmente en rentabilidad extraordinaria derivada de momentos coyunturales de ventaja del mercado global de hidrocarburos.

Contenido de los regímenes fiscales de hidrocarburos

Brasil

Las leyes brasileras del petróleo y de participaciones especiales en el sector petrolero datan de 1997 y 1998, respectivamente. Desde la incorporación y aumento de sus cargas fiscales a la actividad petrolera (fundamentalmente con las participaciones especiales a partir del año 2000), simultáneamente al aumento de producción, Brasil incrementó abiertamente sus ingresos fiscales, aun cuando netamente los de origen petrolero encontraron su éxito en el alto precio del crudo vigente para la fecha. En 2010 se declaró el carácter estratégico del petróleo y se dio creación al Fondo Social Petrolero, destinado fundamentalmente a la administración y destino de los recursos captados por la actividad, que es uno de los problemas fundamentales del sistema fiscal general brasilero, pues la repartición y asignación entre gobernaciones es prácticamente única con respecto al resto de la región. De resto, ha sido moderada la actividad legislativa del sector y, más aún, la incorporación de mecanismos flexibles para adaptar las cargas económicas a las tendencias recientes del mercado petrolero global y el precio coyuntural del crudo.

Aun así, la actividad petrolera del Brasil es promisoria, pues dicho Estado cuenta con recientes descubrimientos de yacimientos de hidrocarburos y gas natural, especialmente aquellos realizados en 2007 en la región denominada El Presal, vasta en dimensiones y reservas de hidrocarburos y gas. La producción petrolera de Brasil se ha incrementado en la última década y sus reservas probadas de petróleo lo ubican dentro de los primeros 20 productores mundiales (Blanco Balín, 2003).

Desde el punto de vista regulatorio en hidrocarburos, Brasil se sustenta fundamentalmente en un sistema de licitaciones y subastas que derivan, en última instancia, en la asignación de concesiones a los inversionistas privados para la realización de actividades de exploración y explotación de hidrocarburos. También en 2012 se incorporó la modalidad de "contratos de producción compartida" (además de la ya existente de "contratos de concesión") para regir la explotación en de- terminadas áreas geográficas, cuya primera licitación tuvo lugar en el 2013 (Olade, 2010).

Desde el punto de vista fiscal, se establecen gravámenes o cargas económicas puntuales que, aunque flexibles, son de alto impacto sobre el inversionista privado, lo cual en todo caso es característico del sistema fiscal general de Brasil con respecto a cualesquiera actividades económicas desarrolladas en su jurisdicción[213].

Estas cargas económicas sectorizadas consisten en regalías, participaciones especiales por alta producción o rentabilidad, bonos por asignación, tasas por el uso del suelo, e impuesto por la producción pagado al tenedor de la tierra. En complemento a estas cargas sectorizadas, aplican a la actividad el régimen general de impuesto corporativo a la renta a las actividades económicas, y los demás impuestos indirectos regionales y nacionales, de im-

---

213 Brasil, de hecho, tiene uno de los regímenes fiscales más complejos de la región, incorporando descentralización en la fijación de impuestos indirectos por regiones (gobernaciones), impuestos a la importación y tasas específicas, que —en conjunto con los impuestos a la renta y las ganancias— recargan de manera impresionante la actividad industrial y comercial. En 2008 se presentó una propuesta para simplificar el sistema, unificar los impuestos indirectos y consolidarlos con las contribuciones sociales (PIS, Cofins). La propuesta, y otras posteriores, se encuentran aún en discusión.

portación y demás contribuciones sociales (PIS, Cofins). De seguidas un repaso general de las características de estas distintas cargas económicas.

Bonos de asignación

Los bonos de asignación se encuentran establecidos en la Ley del Petróleo[214], y desarrollados en el Decreto 2.705 del 3 de agosto de 1998 (Decreto 2.705)[215]. Estos bonos consisten en pagos realizados por las empresas ganadoras de los procesos de licitación o subasta para la asignación de proyectos de exploración y producción de hidrocarburos y gas natural. Los pagos consisten en un monto único, en dinero, realizado por las empresas operadoras, en favor de la Agencia Nacional del Petróleo (ANP).

Los bonos de asignación se causan al momento en que le es reconocida la adjudicación del proyecto a una empresa determinada y participante en la licitación y deben realizarse al momento de la firma del correspondiente contrato, sea este un contrato de concesión o un contrato de producción compartida. El monto de estos bonos es variable, según el proyecto, y según la empresa ganadora, pues en definitiva consisten en ofertas hechas por las empresas que licitan en el respectivo proyecto, como incentivo para el Estado para que les adjudique la licitación, sin perjuicio de los demás elementos determinantes para la adjudicación, como la capacidad de inversión, capital, capacidad financiera, trayectoria y solidez de la empresa, entre otros. Normalmente, el monto del bono de asignación lo determinan las empresas que licitan, en función de las expectativas de exploración y éxito del proyecto y, por tanto, varían según cada empresa ofertante. Lo cierto es que en ningún caso el monto ofrecido, y eventualmente pagado por el ofertante ganador de la licitación, puede ser inferior al monto

---

214 Ley 9.478 del 6 de agosto de 1997, artículos 45 y 46.
215 Artículos 1, 9 y 10.

base establecido por la ANP al momento de apertura de la licitación para el respectivo proyecto.

Regalías

Las regalías, como han sido referidas *supra* en esta sección, suponen la contraprestación pagada por la empresa operadora al Estado, en virtud del acceso a sus recursos naturales para su explotación. En el caso de Brasil, las regalías encuentran igualmente base en la Ley del Petróleo y el Decreto 2.705[216]. El monto de la regalía es variable y, aunque inicialmente es de 10%, puede rebajarse hasta 5% en proyectos considerados como de riesgo mayor. El monto de la regalía se encuentra en última instancia determinado por la ANP en el respectivo contrato.

La ANP desempeña un papel decisivo tanto en la determinación del bono de asignación como del monto de la regalía aplicable, lo cual hace de este un sistema flexible, pero no necesariamente bondadoso para las empresas operadoras. Entre los elementos o variables tomadas en cuenta por la ANP para la definición del porcentaje de la regalía, se encuentran los riesgos de exploración, la convencionalidad o no del yacimiento, las proyecciones de producción y el tiempo de duración del respectivo proyecto.

La regalía se calcula en función del volumen de producción de crudo y gas natural, tomando en cuenta otros valores o precios referenciales de tales hidrocarburos fijados por la ANP. El pago de la misma es mensual y, como ocurre en la generalidad de las regalías, estas no aceptan deducción de costos o gastos asociados al proyecto.

---

216   Artículos 45 y 47 de la Ley del Petróleo y artículos 11 al 18 del Decreto 2.705.

Participación especial

La participación especial, también prevista en la Ley del Petróleo y el Decreto 2.705[217], consiste en un pago al cual quedan sujetos los operadores o contratistas, en los casos en que el respectivo proyecto alcance altos volúmenes de producción o genere altos rendimientos. Nuevamente, la participación de la ANP en el monto definitivo de la participación es determinante. Para cada contrato (es decir, proyecto), la ANP establece los márgenes mínimos de producción y rentabilidad de campo, los cuales una vez alcanzados generarán la obligación de pago de la participación especial (Cepal y Unasur, 2013). Es evidente, a su vez, que el pago de esta participación queda en todo momento asociado con una actividad productiva del proyecto, siendo que no habrá lugar a su causación en los casos en que los proyectos exploratorios no deriven en áreas a explotar, la explotación no se hubiere iniciado o los volúmenes de producción sean inferiores a los márgenes referenciales establecidos por la ANP.

Las tasas progresivas de la participación especial varían entre 10% y 40%, y su fijación, a cargo entera y discrecionalmente de la ANP, se hará en función de elementos asociados a cada proyecto, como la naturaleza del campo o yacimiento, la duración del proyecto, los volúmenes de producción y los rendimientos en función de riesgos y costos asociados. La tasa fijada se aplicará al valor de producción o ganancias "netas" de producción, esto es, luego de descontar regalías, costos de exploración, costos operativos, depreciación de activos e impuestos (renta neta financiera) (Olade, 2010).

Mención especial, en absoluta asociación con esta participación especial, sugiere el hecho de que en los contratos susceptibles de generar esta participación, la ANP suele imponer una cláusula exigiendo al contratista invertir el equivalente al 1% de

---

217   Artículos 45 y 50 de la Ley del Petróleo y artículos 21 al 23 del Decreto 2.705.

sus ingresos brutos en gastos que califiquen formalmente como asociados con actividades de investigación y desarrollo.

Tasa por ocupación de área o uso de tierra

La Ley del Petróleo y el Decreto 2.705 prevén asimismo una carga económica que consiste en el pago realizado por el contratista u operador a la ANP, por el uso o derecho a explorar y explotar el área geográfica que le ha sido asignada en el correspondiente contrato de concesión. Una vez más, la ANP desempeña un papel fundamental, pues establece directamente el monto de la tasa en cada contrato, según proyecto, sobre la base del área medida por kilómetros cuadrados objeto de asignación por vía del contrato. Inicialmente el pago de esta tasa es en moneda local (es decir, reales)[218].

Impuesto (por producción) al tenedor de la tierra

Por último, la Ley del Petróleo establece un impuesto a cargo de los contratistas u operadores, destinado al propietario del terreno especificado en el respectivo contrato de concesión. Nótese bien que aunque el recurso natural sea propiedad del Estado, se reconoce la titularidad del terreno a terceros propietarios. El impuesto varía entre 1% y 5% del precio referencial de la producción de petróleo o gas, según especificación final de la ANP. Se entiende, en principio, que no es parte del *government take* pues no es ingreso directo del Estado[219].

Otros tributos no sectorizados

Además de las cargas económicas que aplican directamente sobre las actividades de exploración y explotación de hidrocarburos, en virtud de la asignación de contratos de concesión o producción compartida, tales actividades se encuentran sujetas a la

---

218 Artículos 45 y 51 de la Ley del Petróleo y artículos 1 y 28 del Decreto 2.705.
219 Artículo 52 de la Ley del Petróleo.

generalidad de tributos que gravan las actividades económicas en Brasil, con algunas excepciones aplicadas al área, como sucede con las exportaciones petroleras, que se encuentran excluidas de impuestos de exportación e impuesto al valor agregado (IVA). Entre estos tributos destacan el impuesto corporativo a la renta y los impuestos federal y estatal al valor agregado.

Impuesto sobre la renta corporativa. El impuesto sobre la renta no prevé un tratamiento específico para el sector de hidrocarburos y, por tanto, sugiere la aplicación de la tarifa general corporativa de 15%, incrementada en 10% para aquellos contribuyentes cuyas ganancias anuales excedan de R$ 240.000. La legislación aplicable impone simultáneamente el pago de contribuciones sociales adicionales sobre las ganancias netas (CSLL) de un 9%, por lo cual se entiende generalmente que la tarifa corporativa de impuesto sobre la renta es de 34%. La atribución de ingresos y deducción de gastos puede ser consolidada para los operadores que tengan asignados varios proyectos de hidrocarburos al mismo tiempo, mientras que las regalías de hidrocarburos son enteramente deducibles[220].

Impuesto al valor agregado (IVA), federal y regional. El IVA, previsto en la Constitución Federal de Brasil de 1988, aplica esencialmente sobre la circulación e importación de bienes y servicios, y puede ser federal como regional (estatal). El IVA federal es distinguido como "IPI" y no aplica a las ventas locales, interestatales ni a la importación de hidrocarburos o sus derivados. El IVA estatal, por su parte, distinguido como "ICMS", consiste en una estructura de impuestos con tasas variables de un estado a otro y grava la circulación de bienes, incluyendo la venta de hidrocarburos, entre un estado y otro estado del Brasil. Las tasas

---

220 Ley 9.430 del 27 de diciembre de 1996.

son establecidas por cada estado, aunque oscilan entre 17% y 19% del precio de venta de los hidrocarburos, incluyendo el monto del propio ICMS. Las operaciones interestatales de un mismo operador se encuentran exentas. Asimismo, como ya se señaló, las operaciones de exportación de hidrocarburos se encuentran exentas de ambos impuestos[221].

Contribuciones sociales especiales (PIS, Cofins). Además de los referidos impuestos directos e indirectos, la legislación fiscal de Brasil establece los denominados PIS y Cofins, como contribuciones sociales federales destinadas a programas sociales. Estas contribuciones gravan la importación y la circulación de bienes y servicios y se determinan sobre la base de ingresos brutos derivados o generados por cada actividad. De manera combinada, los PIS y Cofins varían normalmente entre 9,25% y 10,25%, según se trate de la mercancía, maquinaria o equipos. Las operaciones de exportación de hidrocarburos se encuentran exentas de ambas contribuciones[222].

Impuestos de importación. Los impuestos federales de importación aplican sobre el valor en aduanas de las mercancías y servicios importados. En los casos de importación de equipos petroleros las tarifas oscilan entre 5% y 10%, mientras que en el resto de los bienes oscilan entre 10% y 20%. El impuesto se causa con la importación de los bienes y servicios. Este impuesto federal debe ser distinguido del impuesto municipal sobre servicios de importación, que grava la importación de servicios, con tarifa variable entre el 2% y el 5%, según el servicio de que se trate y la municipalidad que lo aplique[223].

---

221 Constitución Federal de Brasil de 1988, artículos 153 y 155. Decreto 7.212 del 15 de junio de 2010.
222 Ley 12.865 del 9 de octubre de 2013.
223 Decreto 4.543 del 26 de diciembre de 2002.

Colombia

La tradición petrolera de Colombia, al menos en cuanto a elevados volúmenes de producción, es relativamente reciente. Los descubrimientos de yacimientos importantes y altas capacidades de producción comenzaron a mediados de los años noventa, en momentos en que el Estado colombiano materializaba la actividad, bien directamente a través de la empresa petrolera estatal Ecopetrol, bien por vía de "contratos de asociación" de la propia Ecopetrol con empresas privadas, prácticamente en igualdad de condiciones, para la exploración y explotación de hidrocarburos. La rentabilidad potencial para los inversionistas privados era suficientemente atractiva, particularmente teniendo en cuenta que el *government take* oscilaba en 60%. No obstante, en la medida que los proyectos petroleros se hacían más rentables, continuó incrementándose el *government take*, y en los casos de caída del precio del petróleo, el sistema fiscal vigente lógicamente afectó el interés de los inversionistas (Campetrol, 2015). El sistema continuaba siendo gravoso, quizás porque se incrementaba también en función del factor tiempo y no únicamente con el factor producción.

En 2002 se implementó una reforma legislativa (Ley 756) incorporando un régimen escalonado de regalías de hidrocarburos. Seguidamente, en 2003 se creó la Agencia Nacional de Hidrocarburos y se modificó el sistema de contratos, básicamente para sustituir la modalidad de contratos de asociación por los de evaluación técnica (TEA) y exploración y producción (E&P), e incluso otros contratos de regímenes especiales. A la fecha existen aún vigentes contratos de asociación celebrados por Ecopetrol con anterioridad a la reforma, cuyos períodos de explotación pueden alcanzar 22 años. Con la creación de la ANH, se descargó la responsabilidad de Ecopetrol como ente regulador y monopólico en la actividad de hidrocarburos y, en consecuencia, se logró una notable flexibilización del sistema fiscal con la intención de atraer mayores inversiones. La ANH juega actualmente un rol fundamental no solo en el control de la exploración y explotación de hidrocarburos, sino en la propia definición de proyectos y, como veremos de se- guidas, en la determinación de los montos de algunas de las cargas económicas aplicables a dichos proyectos.

Sin embargo, al momento de implementar estos cambios, la participación del Estado (*government take*) se mantuvo significativamente alta y solo reflejó alguna reducción en años posteriores, con el alza de los precios del petróleo. Así, a pesar de la variedad contractual, la aplicación de escalas variables en regalías y la flexibilización general del sistema fiscal, el sistema fiscal colombiano y el *government take* parecían en última instancia apoyados, más que en el éxito de producción y los niveles de inversión extranjera, en la inestable base de los precios del crudo en el mercado global (López Prieto, 2015).

Actualmente, Colombia se sustenta en un sistema regulatorio consistente en Contratos TEA y E&P administrados por la ANH[224]. Las cargas económicas contenidas en el sistema fiscal colombiano y, en consecuencia, aplicables a tales contratos, están compuestas esencialmente por las regalías y los llamados derechos, que se asimilan a los impuestos sobre área de superficie, explotación y volúmenes de producción existentes en otros países. Además de estas cargas sectorizadas se encuentran los tradicionales que aplican a cualquier sector económico, como lo son el impuesto sobre la renta corporativa, el IVA y los demás impuestos a la importación y movilización de bienes y servicios, destacando en todo caso el impuesto a la participación accionaria. A continuación una descripción más detallada de estos gravámenes.

---

224 Ecopetrol, por su parte, administra directamente los proyectos enteramente desarrollados por ella, los contratos de asociación aún vigentes y los contratos de servicios anteriores a la creación de la ANH.

Regalías

Las regalías se encuentran previstas en la Constitución Política Nacional y reguladas por la Ley 756[225]. Para determinar las regalías correspondientes a los distintos contratos petroleros, es importante distinguir entre aquellos referidos a pozos o yacimientos descubiertos antes de la entrada en vigencia de la Ley 756 y aquellos referidos a pozos o yacimientos descubiertos o por descubrirse con posterioridad a dicha reforma. Así mismo, hay que distinguir entre las regalías aplicables a la explotación de crudo y aquellas aplicables a la explotación de gas natural.

Los contratos referidos a descubrimientos anteriores a la entrada de la Ley 756, es decir, la generalidad de los contratos de asociación, se rigen por una regalía única y proporcional de 20% sobre el valor de la producción a boca de pozo, mientras que los contratos referidos a descubrimientos posteriores se rigen por una regalía escalonada que varía entre 8% y 25%, en función del volumen de producción diaria[226]. La regalía se calcula mensualmente y se paga a la ANH.

Por su parte, las regalías aplicables a los proyectos de explotación de gas natural se rigen por la misma escala variable a la aplicable a hidrocarburos, pero una vez determinada la tarifa correspondiente, se aplica esta solo en un 80% o 60%, según sea la profundidad y complejidad del yacimiento de gas a explotar (normalmente la distinción sería entre yacimientos convencionales y no convencionales). Así: i) en los casos de explotación de yacimientos en tierra (*onshore*), o en mar (*offshore*) hasta 300 metros (1.000 pies) de profundidad, la tarifa aplicable sería equi-

---

225 Artículos 360 y 361 de la Constitución Política Nacional; artículo 16 de la Ley del 25 de julio de 2002.

226 La Ley 756 cambió los criterios establecidos por la Ley 141 de 1994 en cuanto a las regalías aplicables a la explotación de hidrocarburos. De un 20% fijo sobre producción a boca de pozo, se pasó a una escala de regalías variables en función de la producción. Cualquier proyecto o descubrimiento anterior a la Ley 756 está sujeto a la regalía fija de 20%, aun cuando continúe siendo desarrollado bajo vigencia de la Ley 756.

valente al 80% de la que se aplicaría en caso de tratarse de una explotación de hidrocarburos; mientras que ii) en los casos de explotación de yacimientos marítimos (*offshore*) de profundidad mayor a 300 metros, la tarifa aplicable sería equivalente al 60% de la que se aplicaría en caso de tratarse de una explotación de hidrocarburos[227].

Derechos

Además de las regalías, el operador o socio privado de los contratos de hidrocarburos se encuentra sujeto a los denominados derechos por el uso de superficie, explotación y producción. La naturaleza de estas cargas no difiere en contenido y alcance del correspondiente a los impuestos por los mismos conceptos en las demás legislaciones; es decir, es esencialmente de "impuestos", al menos desde el punto de vista de la clasificación tradicional de los tributos y la definición de los impuestos como contraprestaciones de carácter obligatorio exigidas por el Estado en virtud de su poder imperio. Sin adentrarnos en la discusión conceptual de la naturaleza de este gravamen desde el punto de vista de la Constitución y el resto de la legislación tributaria colombiana, creemos factible que la causa de la distinción como derecho contractual, y no impuesto, sea la activa participación que tiene la ANH en su establecimiento y cobro. Al ser un derecho contractual, la ANH puede afectar elementos integradores de ese derecho (esto es: hecho imponible, base imponible, alícuota, sujeto activo, etc.), evitando el curso natural que ello tendría en seguimiento del principio de legalidad tributaria. Estos derechos son esencialmente los siguientes:

✦ *Derechos por el uso del subsuelo y superficie en fase de exploración.* Consiste en un monto en dólares de EEUU establecido

---

227 Artículo 16, parágrafo 2°, Ley 756; artículo 14.

por la ANH en el respectivo contrato, en atención a la dimensión del área de exploración y explotación asignada (medida por hectáreas), así como a su ubicación y tiempo de duración de la fase de exploración[228].

✦ *Derechos por el uso del subsuelo y superficie en fase de explotación.* Se trata igualmente de un monto en dólares de EEUU establecido por la ANH en el respectivo contrato, pero por concepto de área explotada, esto es, una vez iniciada la producción, y que es medido en función de un valor predefinido o incluso variable del barril del respectivo hidrocarburo[229].

✦ *Derecho económico por participación en la producción.* Se refiere a otro pago exigible por la ANH en la medida que se encuentre previsto y acordado en el contrato. En esencia, se trata de una oferta de participación porcentual en la producción, hecha por el contratista o adjudicatario del proyecto a la ANH, como incentivo en el proceso de licitación. Podría asimilarse al bono de asignación establecido por Brasil para los adjudicatarios de los contratos petroleros, pero con la diferencia de que estos últimos se configuran como un pago único al momento de la firma del contrato y no como la "cesión" o "reconocimiento" de un porcentaje al ente recaudador (ANH) sobre la producción de hidrocarburos[230].

✦ *Derechos por exceso de producción.* Se trata de pagos, también determinados y acordados en el contrato, realizados por el contratista a la ANH, cuando la producción acumulada, neta

---

228 Artículo 360, inciso 2, de la Constitución; artículos 12 y siguientes del Decreto 4.923 del 26 de diciembre de 2011; Acto Legislativo 5 del 18 de julio de 2011; Modelo de Acuerdo aprobado y emitido por la Agencia Nacional de Hidrocarburos en 2014, artículo 38.1.

229 *Ibidem*, artículo 38.2.

230 *Ibid.*, artículo 40.

de regalías, excede los 5 millones de barriles. La fórmula para la determinación del monto del pago es establecida contractualmente; sin embargo, las alícuotas suelen oscilar entre 30% y 50%. Normalmente estos derechos son tratados juntamente con los llamados derechos por precios altos[231].

✦ *Derechos por precios altos.* Son aquellos pagos determinados contractual- mente en favor de la ANH, cuando el precio de referencia del barril de hidrocarburos en el mercado global sea superior al establecido en el respectivo contrato. La fórmula es igualmente establecida en el contrato y las alícuotas suelen oscilar entre 30% y 50%[232].

✦ *Derechos por extensión de la fase de producción.* En los contratos E&P también puede preverse que, en caso de que la ANH acuerde una extensión de la fase de explotación, se realice un pago en dinero a la ANH, el cual normalmente es de 10% del volumen de producción, para el caso de contratos de explotación de hidrocarburos livianos, y 5% para el caso de hidrocarburos pesados[233].

✦ *Otros derechos de participación.* La ANH tiene incluso facultades discrecionales para negociar con el adjudicatario de los contratos E&P el pago de un porcentaje adicional sobre la producción, teniendo en cuenta otras circunstancias propias del respectivo proyecto. Esto evidencia la casi absoluta discrecionalidad de la ANH al momento de establecer cargas económicas para los operadores de los contratos E&P en general[234].

---

231 *Ibid.,* artículo 39.

232 *Ídem.*

233 *Ibid.,* artículo 42.

234 Artículo 360, inciso 2, de la Constitución; artículos 12 y siguientes del Decreto 4.923 del 26 de diciembre de 2011; Acto Legislativo 5 del 18 de julio de 2011.

Otros tributos

✦ *Impuesto sobre la renta corporativa.* El impuesto sobre la renta corporativa para los contratistas es de 33%, aplicable sobre el monto que resulte superior entre las bases imponibles referenciales, a saber: i) el ingreso gravable ordinario, que equivale al enriquecimiento neto de la corporación (esto es, ingresos menos costos y deducciones), y ii) el ingreso presuntivo o sobre base presunta. Realmente todas las legislaciones tienen como referencia el ingreso sobre base cierta o sobre base presuntiva, pero no todas ellas establecen que la base de cálculo o gravable será la que comparativamente resulte más elevada. La legislación admite la deducción por depreciación de activos, así como una rebaja del 30% del valor de las nuevas inversiones en activos fijos productivos, sin perjuicio de otros incentivos fiscales para los casos de pérdidas en proyectos, donaciones e inversiones en actividades de investigación y desarrollo (I&D)[235].

✦ *Impuesto al valor agregado.* El IVA aplica sobre la circulación e importación de bienes y servicios. La importación de hidrocarburos y sus derivados no está sujeta al impuesto. La venta de gasolina y diésel tampoco está sujeta al impuesto, pero el pago del Impuesto Nacional sobre Gasolina y Diésel genera créditos fiscales de IVA para el consumidor final cuando el combustible es adquirido por dicho consumidor directamente de los importadores o productores del combustible[236].

✦ *Impuestos de importación.* Los impuestos de importación sobre mercancías y servicios relacionados con la actividad petro-

---

235 Ley 1.607 del 26 de diciembre de 2012.
236 Ley 1.607 del 26 de diciembre de 2012; Ley del 23 de diciembre de 2014.

lera oscilan entre 0% y 15% *ad valorem*. El impuesto se genera con la importación de los bienes y servicios[237].

México

Los esfuerzos del Estado mexicano para la implementación de cambios regulatorios y fiscales en el manejo de la industria de hidrocarburos destacan como los más relevantes y significativos entre los Estados bajo estudio. Sin embargo, ello no implica que México haya dado solución a un problema económico, en cuanto a su gran dependencia del ingreso petrolero.

Entre los años 2013 y 2014 México implementó la llamada reforma energética, que partió de una sustancial reforma constitucional, complementada con legislación secundaria, haciendo entonces una reforma legislativa global destinada a desarrollar las nuevas directrices constitucionales sobre el sector (CEFP, 2014). Bajo la reforma constitucional, el Estado mexicano estableció principios rectores para: i) conservar la propiedad y control sobre los hidrocarburos; ii) garantizar la participación de la empresa privada, a través de nuevas modalidades de contratación y un nuevo régimen fiscal; iii) descargar el monopolio de Pemex en el desarrollo de la actividad; iv) crear nuevas entidades en el sector energético, y v) promover el desarrollo de la industria. Luego, por vía de la reforma secundaria, se afectaron al menos 21 leyes relacionadas con el sector, partiendo evidentemente por la Ley de Hidrocarburos[238].

En ella, se descentralizaron las funciones de Pemex en distintos órganos gubernamentales especializados (Secretaría de

---

237   Ley 1.609 del 2 de enero de 2013; Decreto 4.927 de 2011.

238   La emisión de nueve leyes base dio lugar a la modificación de disposiciones en otras 12 leyes directa o indirectamente relacionadas con el sector. Estas leyes base son: Ley de Hidrocarburos; Ley de la Industria Eléctrica; Ley de Energía Geotérmica; Ley de la Agencia Nacional de Seguridad Industrial y de Protección del Medio Ambiente del Sector de Hidrocarburos; Ley de Petróleos Mexicanos; Ley de la Comisión Federal de Electricidad; Ley de Órganos Reguladores Coordinados en Materia Energética; Ley de Ingresos sobre Hidrocarburos, y Ley del Fondo Mexicano del Petróleo para la Estabilización y el Desarrollo.

Energía, SHCP, Comisión Nacional de Hidrocarburos, Comisión Reguladora de Energía) y se establecieron bases para determinar: i) las asignaciones de proyectos petroleros que permanecerían desarrolladas directamente por Pemex y ii) las asignaciones que migrarían a las nuevas modalidades contractuales, fueran estas desarrolladas únicamente por Pemex, como un operador más, o por Pemex juntamente con empresas privadas (Casas Alatriste y Espinasa, 2015).

Actualmente, desde el punto de vista regulatorio, la actividad de hidrocarburos en México puede ser desarrollada por la vía de asignaciones directas hechas a Pemex con anterioridad a la reforma energética, o por la vía de contratos petroleros de producción compartida, de utilidad compartida, de licencia o de servicios.

Desde el punto de vista fiscal, se establecen gravámenes o cargas económicas eminentemente flexibles, a tal punto que es el sistema más dinámico de los estudiados, pues incluye prácticamente todas las herramientas conocidas de flexibilización (escalas variables, factor R, derechos sobre precios altos, etc.), con excepción de la tasa de retorno. El sistema fiscal mexicano incluye un bono de asignación en contratos de licencia, regalías de escala variable y otras contraprestaciones que pueden ser establecidas y negociadas en cada contrato, en atención al uso de superficie geográfica, la utilidad operativa o el valor de los hidrocarburos. Estas cargas vienen lógicamente complementadas con los tributos que gravan cualquier otra actividad económica, como el impuesto sobre la renta y el IVA.

Bono de firma

Lo primero a destacar en cuanto al bono de firma, cuya naturaleza ya nos es familiar por ser similar a la del bono de asignación en el sistema fiscal brasilero, es que estos bonos se causan únicamente en los contratos de licencia. El bono de firma consiste en un pago único hecho en dinero al momento de la firma del contrato de licencia y su cuantía es determinada por la Secretaría de Hacienda y Crédito Público para cada contrato. Se justifica como mecanismo para garantizar la seriedad de las ofertas públicas[239].

Derecho de exploración o cuota contractual

La llamada cuota contractual se aplica a todas las modalidades de contratos y consiste en un pago mensual hecho por el operador o contratista por el uso de la superficie geográfica destinada a exploración, esto es, que aún no produzca. En definitiva, es un impuesto o carga similar a las aplicadas en el resto de los países por el uso de área geográfica para asegurar ingresos por el derecho a explorar, sin perjuicio del éxito de la exploración o el comienzo de actividades productivas. La cuota contractual es de Mex$ 1.150 (equivalentes aproximadamente a US$ 64) por cada kilómetro cuadrado por los primeros 60 meses de contrato, elevándose a Mex$ 2.750 (aproximadamente US$ 154) a partir del mes 61 de contrato[240].

Regalía o derecho de extracción

Las regalías, también llamadas derechos de extracción, aplican una vez comenzada la producción, en todas las modalidades contractuales, con excepción de los contratos de servicios. Estos derechos son como en todos los casos exigidos por el Estado como contraprestación por la explotación de sus recursos. En el caso mexicano, se aplica una escala variable por cada tipo de hidrocarburo sujeto a explotación (lo cual la hace la más novedosa y flexible de la región), a saber:

✦ Para la explotación petrolera, se establecen dos renglones en función del precio referencial del barril de crudo. Si el valor del barril de petróleo es inferior a US$ 48, la tarifa de la regalía

239 Artículos 1, 2, 6 y 7 de la Ley de Ingresos sobre Hidrocarburos (2014).

240 Artículos 1, 2, 6, 8, 11 literal a, 12 literal a, 45, 54 y 55 de la Ley de Ingresos sobre Hidrocarburos.

será fija en 7,5%. Si el valor del barril de petróleo excede US$ 48, la tarifa aumentará proporcionalmente conforme a la aplicación de una fórmula contractual[241].

✦ Para la explotación de gas asociado, se aplica una fórmula que arroja una tasa variable en función del precio del gas[242].

✦ Para la explotación de gas no asociado, si el precio del gas es inferior a US$ 5, la tarifa aplicable es 0% y, en consecuencia, no se genera el pago de regalías. Si el precio del gas es superior a US$ 5, pero inferior a US$ 5,5, se aplica una fórmula que arroja una tasa variable en función del precio del gas[243]. Si el precio del gas es superior a US$ 5,5, se aplica la misma tasa variable que la del gas asociado[244].

✦ Para la explotación de condensados, si el precio es inferior a US$ 60, se aplica una tarifa de 5% al valor de los condensados (es decir, gas natural líquido formado principalmente por componentes más pesados de hidrocarburos). Si el precio es superior a US$ 60, se aplica una fórmula que arroja una tasa variable en función del precio del condensado[245].

Todas las regalías sobre hidrocarburos se aplican sobre los ingresos brutos derivados de las ventas, calculadas mensualmente. El pago de las regalías es igualmente mensual en cada caso. Por último, todos los contratos quedan sujetos a la aplicación del *supra* referido factor R, como mecanismo de ajuste de esas compensaciones[246].

---

241 Tarifa = [(0,125 x precio contractual del crudo) + 1,5%. Artículos 1, 2, 6, 8, 11, 12, 24 y 44 de la Ley de Ingresos sobre Hidrocarburos.

242 Tarifa = Precio del gas / 100. Artículos 11, 12, 24 y 44 de la Ley de Ingresos sobre Hidrocarburos.

243 P = [(precio − 5 x 60,5 / precio)] %. Artículos 11, 12, 24 y 44 de la Ley de Ingresos sobre Hidrocarburos.

244 Tarifa = Precio del gas / 100. Artículos 11, 12, 24 y 44 de la Ley de Ingresos sobre Hidrocarburos.

245 Tarifa = [(0,125 x precio + 2,5)] %. Artículos 11, 12, 24 y 44 de la Ley de Ingresos sobre Hidrocarburos.

246 Artículos 24 y 25 de la Ley de Ingresos sobre Hidrocarburos.

Contraprestación a la utilidad de la operación

Consiste en un pago contractual único realizado por los operadores de los distintos contratos de utilidad compartida y producción compartida, cuando se alcance un determinado nivel de utilidad operativa. A estos efectos, se entiende por utilidad operativa el valor de los hidrocarburos menos las regalías y los costos. El monto del pago se establece en cada contrato y está sujeto a un mecanismo de ajuste (factor R) para el caso de rentas extraordinarias[247].

Contraprestación al valor de los hidrocarburos

En los contratos de licencia se establece además una tasa sobre el valor contractual de los hidrocarburos. Consiste en un pago único determinado en cada contrato y sujeto realizado por los operadores, mensualmente, en función del valor de los hidrocarburos explotados. Los contratos de servicios están excluidos de esta tasa, pero están sujetos a una contraprestación similar, en el sentido de pago único fijado bajo estándares de la industria, en cada contrato de servicios[248].

Otros impuestos de relevancia

✦ *Impuesto sobre la renta.* El impuesto sobre la renta no prevé un trata- miento especial para el sector de hidrocarburos y, por tanto, sugiere la aplicación de la tarifa general corporativa del 30% sobre la utilidad. Se grava la renta mundial sobre la base de que se considera residente toda corporación que tenga su lugar efectivo de gerencia en México. La deducción de costos y gastos es evidentemente permitida, con algunas limitaciones: i) 25% del monto original de las inversiones realizadas para la exploración y explotación y ii) 10% del monto de inversiones

---

247 Artículos 1, 2, 6, 8, 11.I.c, 12.I.c, 15, 17 y 39 al 43 de la Ley de Ingresos sobre Hidrocarburos.

248 Artículos 1, 2, 6.IV.a, 8, 9 y 10 de la Ley de Ingresos sobre Hidrocarburos.

de infraestructura. Los establecimientos permanentes son, como en el resto de las legislaciones bajo estudio, gravados sobre la base de los ingresos que les son atribuibles, aunque destaca la ampliación de la definición hecha por vía de la Ley de Ingresos sobre Hidrocarburos, pues la obligación de pago del impuesto se extiende a los no residentes que realicen cualquier tipo de actividad regulada por la Ley de Hidrocarburos, durante más de 30 días en un período de 12 meses[249].

◆ *Impuesto al valor agregado.* En general, la comercialización de bienes y servicios, así como la importación de bienes y servicios, está sujeta al pago de IVA a la tasa de 16%. No obstante, la Ley de Ingresos sobre Hidrocarburos establece un régimen particular de tasa 0% para todas las actividades gravables que tengan lugar bajo cualquier modalidad de contrato petrolero entre Estado y contratista. Así, las transacciones entre ellos, bajo los contratos, estarán sujetas a la referida tasa 0%, que en definitiva permite la continuidad de la traslación del impuesto y el aprovechamiento de créditos propios del IVA. Dicho régimen especial no es trasladable a terceros que provean servicios o subcontraten con los operadores de los contratos petroleros. La exportación de crudos y otros bienes y servicios se encuentra igualmente en general sujeta a tasa 0%, pero hay excepciones en las que se genera el impuesto de 16%, lo cual se termina trasladando a los receptores de los bienes y servicios en el extranjero[250].

---

249 Artículo 9 de la Ley de Impuesto sobre la Renta de 2013, reformada parcialmente en 2015 (Diario Oficial de la Federación del 18 de noviembre de 2015).

250 Ley de Impuesto al Valor Agregado (2013); artículo 33 de la Ley de Ingresos sobre Hidrocarburos.

Venezuela

Venezuela tiene consolidado un régimen fiscal amplio que, aunque razonablemente flexible en cuanto a la implementación de algunas escalas de valores para la determinación de ciertas cargas económicas, resulta sumamente gravoso para el sector. La última reforma legislativa de relevancia en el sector hidrocarburos tuvo lugar en 2013 al reformarse la Ley de Contribución Especial por Precios Extraordinarios y Precios Exorbitantes en el Mercado Internacional de Hidrocarburos (Decreto 8.807)[251]. Con anterioridad a ello, en 2006 tuvo lugar una reforma a la Ley Orgánica de Hidrocarburos (LOH)[252], mientras que previamente se había implementado la Ley Orgánica de Hidrocarburos Gaseosos (LOHG) en 1999[253]. La particularidad, en aquel entonces, fue el tratamiento fiscal específico para los hidrocarburos gaseosos mediante una ley, ya que anteriormente, como se maneja en la mayoría de los otros países regionales, ambos se regularizaban, en su mayoría, mediante la LOH. Las citadas leyes, juntamente con las leyes impositivas generales de cualquier actividad económica, como la Ley de Impuesto sobre la Renta, la Ley de Impuesto al Valor Agregado, la Ley de Aduanas y las leyes u ordenanzas municipales definen el régimen fiscal en materia de hidrocarburos en Venezuela.

Venezuela es el Estado que impone y obtiene mayor participación en las actividades de hidrocarburos de todos los Estados de la región (es decir, su *government take* se estima en aproximadamente 95%) (Campetrol, 2015). Hace muy poco, los problemas de limitación en la producción, el bajo precio del crudo, los facto-

---

251 Decreto 8.807, Ley de Reforma Parcial del Decreto 8.807, con Rango, Valor y Fuerza de Ley que crea Contribución Especial por Precios Extraordinarios y Precios Exorbitantes en el Mercado Internacional de Hidrocarburos. Gaceta Oficial de la República Bolivariana de Venezuela N° 40.114 de fecha 20 de febrero de 2013.

252 Reforma a la LOH, Gaceta Oficial de la República Bolivariana de Venezuela N° 38.443 del 24 de mayo de 2006.

253 Reforma a la LOHG, Gaceta Oficial de la República Bolivariana de Venezuela N° 36.793 del 23 de septiembre de 1999.

res políticos y sociales y las exorbitantes deudas internacionales producto del financiamiento internacional han incluso llevado al Gobierno venezolano a disponer de parte de sus acciones en empresas mixtas dedicadas a actividades petroleras, en busca de mayor liquidez. En febrero de 2016, Venezuela ofreció a la compañía rusa Rosneft aumentar su participación de 16,67% a 40% en la empresa mixta Petromonagas, ubicada en la Faja del Orinoco (Cámara Petrolera de Venezuela, 2016). Por otra parte, se le permitió a esta realizar gestiones de comercialización directa, lo cual antes quedaba sujeto a aprobación de los entes gubernamentales. Se estima que se realizarán negociaciones similares con respecto a otras empresas mixtas (Petropiar y Petrocedeño). Esta alarmante situación evidencia una absoluta desinversión del Estado venezolano en la actividad y una verdadera crisis en cuanto al desarrollo de la misma, a pesar del alto potencial petrolero y la existencia de un sistema fiscal relativamente estable.

En todo caso, las cargas económicas aplicables al sector de hidrocarburos en Venezuela son manifiestamente distintas según se trate de actividades realizadas por las llamadas "empresas mixtas" o por compañías operadoras privadas bajo modalidad de contratos de servicios. El régimen fiscal de las empresas mixtas está determinado por la LOH y la LOHG, e incluye regalías, impuestos de explotación y extracción, impuestos al consumo, al uso del suelo y demás impuestos propios de la actividad petrolera, mientras que el régimen de servicios sigue el mismo tratamiento de cualquier empresa en general, que en definitiva se basa en el impuesto sobre la renta y demás impuestos especiales aplicables a toda actividad económica en general. Ello deriva en que existen cargas económicas (es decir, impuestos) comunes y aplicables a ambos sectores.

Régimen fiscal exclusivo de las empresas mixtas

Este régimen abarca y se refiere a las actividades primarias de hidrocarburos, entendidas estas en su *sensu lato*. Conforme a la LOH[254], las actividades primarias solo pueden ser realizadas directamente por el Estado, o a través de las llamadas empresas mixtas u operadoras, donde el Estado tiene participación accionaria mayor al 50% por medio de la empresa petrolera estatal Pdvsa o sus filiales, y las empresas operadoras privadas tienen una participación minoritaria[255]. Más específicamente, estas actividades incluyen:

✦ Las actividades primarias, que comprenden la exploración, extracción, recolección, transporte y almacenamiento inicial de todo tipo de hidrocarburos.

✦ Las actividades secundarias, que comprenden refinación, industrialización y comercialización de todo tipo de hidrocarburos, cuando son realizadas juntamente con las actividades primarias (verticalmente integradas).

✦ Las actividades exclusivas (no verticalmente integradas) de comercialización de todo tipo de hidrocarburos líquidos y derivados.

✦ Las actividades *upstream* (exploración y explotación) de gas asociado.

Como veremos de seguidas, las empresas mixtas y las actividades por ellas realizadas se encuentran sujetas a cargas económicas exclusivas para esa modalidad, tales como: las regalías, los impuestos propios de la actividad petrolera (superficie, extracción,

---

254 Artículos 2, 33 y siguientes de la LOH.

255 Las empresas mixtas estarán suplementariamente regidas por el acuerdo de su creación aprobado en cada caso por el órgano legislativo nacional (la Asamblea Nacional) y supletoriamente por el Código de Comercio y demás leyes administrativas y financieras aplicables a las empresas públicas en general, incluyendo, en materia de contratación, la Ley de Contrataciones Públicas.

consumo y exportación), un régimen más gravoso del im- puesto corporativo a la renta (50%) y el IVA por las operaciones de exportación (aunque en la práctica constituya un régimen de tarifa 0%).

Regalías

La LOH y la LOHG establecen, respectivamente, regalías por la extracción de volúmenes de hidrocarburos de cualquier yacimiento en el territorio nacional, así como por la exploración y explotación de hidrocarburos gaseosos (gas natural asociado y no asociado).

Para el caso de actividades verticalmente integradas de hidrocarburos, actividades exclusivas de comercialización de hidrocarburos y actividades *upstream* de gas asociado, la regalía es de 30%, pudiendo reducirse a 20% a juicio del Ejecutivo nacional a los fines de garantizar la viabilidad económica de proyectos en la Faja Petrolífera del Orinoco, o igualmente restituida de 20% a 30% cuando se demuestre la economicidad sostenible del yacimiento[256].

Esta regalía aplica sobre los volúmenes de hidrocarburos o gas asociado extraídos del yacimiento, medidos en el campo de producción, siendo que para su valoración se tomará en cuenta el precio de mercado o convenido, o en defecto el de ambos, el valor fiscal fijado por el Ejecutivo nacional (en principio en la Ley de Presupuesto 2015, US$ 60). Sin embargo, conforme al artículo 14 del Decreto 8.807 (Ley que crea la Contribución Especial por Precios Extraordinarios y Exorbitantes en el Mercado Internacional de Hidrocarburos), el valor máximo del barril a tomarse en cuenta para el cálculo de esta regalía será de US$ 80. La regalía deberá ser pagada mensualmente.

Para el caso de actividades *upstream* de gas no asociado, así como *midstream* y *downstream* de gas natural, la regalía es del

---

256 Artículos 1, 2, 44, 45, 46 y 47 de la LOH, en concordancia con el artículo 14 del Decreto 8.807.

20% y aplica sobre el volumen de gas no asociado extraído y no reinyectado, calculado al valor de mercado en el campo de producción[257]. La regalía puede ser pagada en dinero o en especie, según determine discrecionalmente el Ejecutivo nacional.

Impuesto superficial

Además de las regalías, la LOH prevé un conjunto de impuestos específicos sobre distintos factores de desarrollo de las actividades del sector. El primero de ellos es un impuesto superficial que aplica sobre la extensión superficial otorgada y no explotada (superficie no explotada) por las empresas mixtas[258]. El impuesto consiste en el pago de un monto fijo de 100 unidades tributarias por cada km^2, o fracción del mismo, sobre la parte de la extensión superficial otorgada (licencia) que no estuviere en explotación, y es incrementable anualmente en un 2% durante los primeros cinco años, y en un 5% en los años subsiguientes.

Impuesto de consumo propio

El segundo de los impuestos específicos grava la utilización de derivados de hidrocarburos por parte de las empresas mixtas para el consumo propio en las actividades de exploración, recolección, transporte, almacenamiento, refinación, industrialización y comercialización de hidrocarburos[259]. Las actividades en el *upstream* (exploración y explotación) de gas asociado se encuentran igualmente sujetas a este régimen.

La alícuota es de 10% y se aplica sobre el valor de cada metro cúbico de productos derivados de los hidrocarburos de cualquier tipo producidos y consumidos como combustible en operaciones propias, calculados sobre el precio de venta al consumidor final.

---

257 Artículos 34 y 35 de la LOHG.

258 Artículo 48, numeral 1, de la LOH.

259 Artículo 48, numeral 2, de la LOH.

En caso de que dicho producto no sea vendido en el mercado interno, el Ministerio de Energía y Petróleo fijará su precio[260].

Impuesto de consumo general

El tercero de los impuestos específicos grava el consumo de derivados de hidrocarburos por parte de consumidores finales, aun cuando deba ser retenido en la fuente por el sujeto que los comercializa. El impuesto aplica exclusivamente sobre las actividades de las empresas mixtas. Su alícuota es fija de 30% y se aplica sobre el precio pagado por el consumidor final por cada litro de producto derivado de los hidrocarburos vendido en el mercado interno[261].

El impuesto (atribuible al consumidor final) será retenido en la fuente de suministro y enterado mensualmente al fisco nacional. El Ejecutivo nacional podrá exonerar total o parcialmente por el tiempo que determine el impuesto de consumo general, a fin de incentivar determinadas actividades de interés público o general. Puede igualmente restituir el impuesto a su nivel original cuando cesen las causas de la exoneración.

Impuesto de extracción

Este impuesto específico grava la extracción de hidrocarburos líquidos de los yacimientos. Es igualmente aplicable exclusivamente a las actividades de las empresas mixtas. La alícuota es de 1/3 (33,3%). En casos excepcionales (es decir, condiciones de mercado, proyectos específicos de inversión), el Ejecutivo nacional podrá rebajarla por tiempo determinado hasta un mínimo de 20%.

La base de cálculo es el valor de todos los hidrocarburos líquidos extraídos de cualquier yacimiento. Los volúmenes de hidrocarburos serán medidos en el campo de producción y para su valoración se tomará en cuenta el precio de mercado o convenido, o

---

260 Artículo 48, numeral 2, de la LOH.
261 Artículo 48, numeral 3, de la LOH, en concordancia con el artículo 40 de la Ley de Presupuesto de 2015.

en defecto de ambos, el valor fiscal fijado por el Ejecutivo nacional (en principio en la Ley de Presupuesto 2015, US$ 60). Sin embargo, conforme al artículo 14 del Decreto 8.807, el valor máximo del barril a tomarse en cuenta para el cálculo de este impuesto será de US$ 80. Asimismo, el impuesto será pagado mensualmente. La normativa aplicable permite la deducción de: (i) lo pagado por regalía, inclusive la regalía adicional que esté pagando como ventaja especial, y (ii) lo pagado por cualquier ventaja especial pagable anualmente, pero solo en períodos subsecuentes al pago de dicha ventaja especial anual[262].

Impuesto de exportación

El impuesto de exportación, o registro de exportación, grava el valor de todos los hidrocarburos exportados de cualquier puerto desde el territorio nacional, calculado sobre el precio al que se venda al comprador de dichos hidrocarburos, teniendo como tope US$ 80[263]. Aplica exclusivamente para las empresas mixtas y su alícuota es fija, equivalente al 0,1%. Para efectos prácticos, el exportador informará al Ministerio de Energía y Petróleo, antes de zarpar, sobre el volumen, grado API, contenido de azufre y el destino del cargamento. El vendedor presentará copia de la factura correspondiente al Ministerio de Energía y Petróleo dentro de los 45 días continuos a la fecha de haber zarpado el buque junto con el comprobante de pago del impuesto de registro de exportación.

Contribución de precios extraordinarios

Esta carga tributaria, caracterizada como contribución especial (aunque discutible en cuanto a su naturaleza propia de un impuesto), está creada para gravar los denominados por la LOH "precios extraordinarios" del barril de crudo de exportación. Al

---

262 Artículo 48, numeral 4, de la LOH, en concordancia con el artículo 14 del Decreto 8.807.

263 Artículo 48, numeral 5, de la LOH, en concordancia con el artículo 14 del Decreto 8.807.

igual que el resto de las cargas económicas propias del sector de hidrocarburos, esta contribución aplica solo para las empresas mixtas y su alícuota es del 20%.

La base de cálculo es el excedente del valor del precio del petróleo indicado en la Ley de Presupuesto Nacional (para 2015 fue de US$ 60) y el promedio mensual de cotización del petróleo (promedio mensual de valor de mercado), siempre que este no exceda de US$ 80. La contribución es pagadera mensualmente por las empresas mixtas y se calcula en función de los volúmenes de hidrocarburos líquidos y derivados vendidos a Pdvsa o sus filiales[264].

Contribución de precios exorbitantes

Al igual que en el caso de la contribución sobre precios extraordinarios, esta carga tributaria es caracterizada como contribución especial, aun cuando es discutible su naturaleza semejante a la de un impuesto, y está creada para gravar los denominados "precios exorbitantes" del barril de crudo de exportación[265]. Las alícuotas para el cálculo de la contribución obedecen a la siguiente escala variable (flexibilización de la participación del Estado):

a. 80% sobre la diferencia entre el promedio mensual de la cotización del petróleo cuando esta exceda US$ 80 y sea igual o inferior a US$ 100.

b. 90% sobre la diferencia entre el promedio mensual de la cotización del petróleo cuando esta exceda US$ 100 y sea igual o inferior a US$ 110.

c. 95% sobre el excedente, cuando el promedio mensual de la cotización del petróleo supere US$ 110.

---

264 Artículos 6 y 7 del Decreto 8.807, en concordancia con el artículo 40 de la Ley de Presupuesto 2015.

265 Artículos 8 y 9 del Decreto 8.807.

La contribución es pagadera mensualmente por las empresas mixtas y se calcula en función de los volúmenes de hidrocarburos líquidos y derivados vendidos a Pdvsa o sus filiales.

Régimen de los contratos de servicios

El régimen de contratos de servicios se refiere realmente al régimen de las actividades consideradas como "industriales" y "comerciales" por la legislación venezolana; esto es, por las actividades no primarias (con excepción de aquella referida al gas no asociado). Estas actividades pueden ser desarrolladas por empresas privadas, así como públicas, bajo contratos de servicios, distintos al de sociedad que caracterizan a las *supra* referidas "empresas mixtas"[266]. En otras palabras, estas actividades suponen la participación de operadores independientes de hidrocarburos, en donde el Estado no otorga licencia o concesión, ni participa directa o indirectamente en el capital accionario del operador. Por contraposición a las actividades primarias regidas por la LOH y LOHG, estas actividades abarcan:

✦ Las actividades exclusivas (no verticalmente integradas) de refinación de todo tipo de hidrocarburos.

✦ Las actividades exclusivas (no verticalmente integradas) de mejoramiento de crudos pesados y extrapesados.

✦ Las actividades *upstream* (exploración y explotación) de gas no asociado.

✦ Las actividades *midstream* y *downstream* (transporte, distribución, almacenamiento, procesamiento, comercialización y

---

266 Técnicamente no existe limitación para que el Estado y las empresas privadas constituyan una firma o compañía de capital conjunto para el desarrollo de estas actividades no primarias, es decir, industriales y comerciales. Sin embargo, estas empresas de capital mixto se regirían por la legislación eminentemente comercial, aplicable a cualquier empresa en general, y no a aquella referida a las "empresas mixtas que desarrollan actividades primarias" en los términos de la Ley de Hidrocarburos. Generalmente el término "empresas mixtas", dentro de la legislación de hidrocarburos venezolana, y la práctica misma, se refiere únicamente a estas últimas.

exportación) de cualquier tipo de gas natural (asociado o no) y sus componentes.

En el caso de hidrocarburos, las cargas económicas actualmente vigentes en el sector son significativamente menores, pues estriban básicamente en las mismas aplicables a cualquier empresa privada que realice actividades económicas en un sector distinto al de hidrocarburos; es decir, como veremos más adelante, en un impuesto corporativo a la renta de 34% y el IVA solo sobre servicios e importaciones generales.

La única particularidad en este caso surge con respecto a los hidrocarburos gaseosos, en el sentido de que las actividades en *upstream* de gas no asociado que estuviesen desarrolladas por esquemas distintos al de empresas mixtas, si llegare a ser el caso, se encontrarían sujetas a la regalía *supra* especificada de 20% sobre el volumen de gas no asociado extraído y no reinyectado, calculado al valor de mercado en el campo de producción[267].

Habiendo hecho la anterior distinción, destacamos a continuación el conjunto de tributos que resulta común tanto a los contratos de servicios como a las empresas mixtas, ya que en definitiva son aplicables a cualquier actividad económica en general, incluyendo hidrocarburos.

Otros tributos comunes a las empresas mixtas y las operadoras de servicios

Impuesto sobre la renta. La Ley de Impuesto sobre la Renta venezolana (LISLR)[268] establece un sistema de renta directo y eminente progresivo. Tal como ha sido anticipado, las actividades de empresas mixtas se encuentran sujetas a un régimen propor-

---

267 Artículos 34 y 35 de la LOHG.

268 Reforma de la LISLR publicada en la Gaceta Oficial de la República Bolivariana de Venezuela N° 6.210 de fecha 30 de diciembre de 2015.

cional y más gravoso, de 50%, mientras que las actividades de las operadoras y contratistas de servicios se encuentran sujetas a una tarifa de 34% (realmente la tarifa es progresiva y varía entre 15% y 34%, pero debido al volumen de ingresos para las operadoras de hidrocarburos, la tarifa es esencialmente de 34%)[269].

En ambos casos, la base de cálculo está representada por los enriquecimientos netos anuales derivados de cada actividad. En el caso de las empresas mixtas, la tasa proporcional del 50% se aplica y extiende incluso a aquellas actividades distintas de hidrocarburos realizadas por dichas empresas mixtas.

La determinación del enriquecimiento neto admite deducción de costos y gastos asociados con la actividad. A su vez, bajo la reciente reforma de la LISLR, no se permiten rebajas por nuevas inversiones en el sector, ni aplica a los operadores el ajuste por inflación sobre el patrimonio y sus activos no monetarios[270].

Impuesto al valor agregado. La Ley de Impuesto al Valor Agregado (LIVA)[271] establece un impuesto indirecto que grava la enajenación de bienes muebles, la prestación de servicios y la importación de bienes y servicios. Las actividades de exportación de bienes a título definitivo y para su consumo en el exterior se encuentran igualmente sujetas al impuesto, aunque bajo la modalidad de tasa o tarifa cero (0%), para permitir la traslación no acumulativa de la carga tributaria.

Las empresas mixtas serán asimiladas a los contribuyentes ordinarios exportadores, a los efectos de la aplicación del régimen de recuperación de créditos fiscales, por las ventas internas a Pdvsa o sus filiales. Esto implica la aplicación de la alícuota 0%

---

269 Artículos 1, 11 único aparte y 52 de la LISLR, en concordancia con el artículo 9 del Reglamento General de la LISLR.

270 Artículos 27, 171 de la LISLR, con derogatoria de los artículos 56 y 57 de la ley anterior.

271 Reforma de la LIVA publicada en la Gaceta Oficial de la República Bolivariana de Venezuela N° 38.632 de fecha 26 de febrero de 2007.

a las ventas internas y el consecuente acceso a la recuperación de créditos soportados en etapa preoperativa y operativa por la importación de insumos. El mismo régimen aplicará a las actividades *midstream* y *downstream* de gas natural, que se encuentran sujetas al impuesto al valor agregado por las exportaciones, igualmente bajo modalidad de tasa cero (0%)[272].

Por otra parte, la venta de combustibles derivados de hidrocarburos, insumos y aditivos, así como el servicio de transporte de los mismos, se encuentran exentos del impuesto[273]. No obstante, dichas empresas mixtas sí estarán sujetas al impuesto por la importación de bienes y combustibles asociados con el desarrollo de su actividad, a una tarifa del 12%.

Los servicios prestados por los operadores de contratos de servicios, por su parte, estarán sujetos al pago del impuesto por sus servicios propiamente dichos, así como por la importación de bienes y combustibles necesarios para el desarrollo de su actividad. La tarifa impositiva en estos casos será del 12% sobre el precio o valor del servicio o bien importado[274].

Derechos aduaneros. La Ley Orgánica de Aduanas (LOA)[275] establece que la importación de bienes por parte de cualquiera de los actores de las actividades petroleras genera igualmente la obligación de pagar derechos aduaneros, conforme a una tarifa que oscila entre el 5% al 40% según el tipo de productos importados y su origen. La tarifa se aplica sobre el valor CIF de los productos importados[276]. Los derechos aduaneros se pagan al momento de la nacionalización de la mercancía en el puerto de destino.

---

272 Artículos 1, 27, 43 y 62 de la LIVA.

273 Artículos 18.4 y 19.4 de la LIVA.

274 Artículos 1 y 3.2 de la LIVA.

275 LOA, Decreto 1.416 de fecha 13 de noviembre de 2014, publicado en la Gaceta Oficial de la República Bolivariana de Venezuela N° 6.155 del 19 de noviembre de 2014.

276 Artículos 116 y siguientes de la LOA.

Impuesto municipal a la actividad económica. Este impuesto grava el ejercicio de actividades industriales, comerciales y servicios en jurisdicción de un municipio por medio de un establecimiento permanente. En principio y aun bajo la vigente legislación, es discutible la aplicación de este impuesto a las actividades vinculadas con los hidrocarburos (producción e industrialización de hidrocarburos, así como producción de gas natural asociado y no asociado). Esto en virtud de que la tributación de los hidrocarburos, sin distinción, es competencia del poder público nacional y no de los municipios[277].

Conforme a la Ley Orgánica del Poder Público Municipal (LOPPM)[278], la comercialización de hidrocarburos naturales o refinados a cargo de las empresas del Estado (empresas mixtas) se encuentra específicamente excluida de la aplicación del impuesto[279]. No así la actividad de transformación de productos ya refinados, la cual se encuentra en principio sujeta. El porcentaje de la alícuota varía según la legislación local (ordenanza) aplicable en cada jurisdicción en la que se realice la actividad (por medio de un establecimiento permanente) y normalmente oscila entre 0,75% y 5% de los ingresos brutos. En última instancia, la LOPPM impone la deducción de lo pagado por regalías al Estado de la base de cálculo de este impuesto municipal[280].

Impuesto sobre inmuebles urbanos. Consiste en un impuesto municipal sobre la propiedad de inmuebles por naturaleza, destinación o el objeto a que se refieren, considerados urbanos, incluyendo terrenos susceptibles de urbanización, construcciones e instalaciones sobre dichos terrenos (excluyendo maquinarias)

---

277 Artículos 156, numeral 12, y 180 de la Constitución.

278 LOPPM, Gaceta Oficial de la República Bolivariana de Venezuela N° 39.575 de fecha 28 de diciembre de 2010.

279 Artículo 212 de la LOPPM.

280 Artículo 213 de la LOPPM.

que sean propiedad del sujeto pasivo, ubicados en jurisdicción de un municipio determinado. Su normativa base se encuentra establecida en la LOPPM[281], aunque siendo un impuesto municipal, es creado mediante legislación local (ordenanza) de la jurisdicción en la que se encuentren ubicados los inmuebles urbanos. La alícuota puede ser de 0,05% a 0,15% sobre el valor de catastro o, en su defecto, valor de mercado, de los inmuebles urbanos, que en frecuentes casos incluyen instalaciones o activos de las operadoras petroleras. El impuesto suele ser pagadero en forma anual.

Contribuciones especiales. Por último, la legislación venezolana establece una serie de contribuciones especiales que aplican a grandes empresas o empresas que cumplen ciertas condiciones en general, independientemente de la naturaleza de su actividad económica. Entre las principales contribuciones especiales se encuentran las siguientes:

✦ La contribución por la Ley Orgánica de Ciencia, Tecnología e Innovación (Locti), que consiste en una contribución especial aplicable a grandes empresas que va destinada al Fondo Nacional de Ciencia, Tecnología e Innovación (Fonacit). La alícuota es del 1% para las empresas de hidrocarburos e hidrocarburos gaseosos. La base de cálculo es sobre los ingresos brutos del ejercicio inmediatamente anterior del sujeto pasivo, cuando estos hayan excedido de 100.000 unidades tributarias (UT)[282].

✦ La contribución a la Oficina Nacional Antidrogas (ONA), que resulta aplicable a entidades públicas y privadas que ocupen 50 trabajadores o más, como aporte al Fondo Nacional

---

281 Artículos 174, 175 y 176 de la LOPPM.

282 Ley Orgánica de Ciencia, Tecnología e Innovación, Locti. Gaceta Oficial N° 39.575 del 16 de diciembre de 2010. Artículo 26, numeral 2.

Antidrogas. La alícuota es del 1% y la base de cálculo es sobre la ganancia o utilidad en las operaciones del ejercicio anual[283].

✦ Contribución a la Ley del Deporte, que se aplica a las entidades públicas y privadas con ganancias contables mínimas de 20.000 unidades tributarias en el ejercicio anual. La alícuota es de 1% y la base de cálculo es utilidad neta o ganancia contable anual. El aporte puede hacerse en dinero o mediante proyectos, siempre que no superen en valor más de 50% del aporte correspondiente. El pago en dinero puede ser fraccionado hasta dos meses y existe la obligación de presentar declaraciones estimadas anuales[284].

✦ Contribución al Seguro Social (IVSS), que consiste, por una parte, en una retención al trabajador como aporte de este al Instituto Venezolano de los Seguros Sociales (IVSS) de 4% del salario normal devengado por cada trabajador, hasta un máximo equivalente a 5 salarios mínimos; y, por la otra, en el pago de una contribución del patrono que oscila entre 11% y 13% del salario normal pagado a cada trabajador. La tarifa varía en función del riesgo mínimo, medio o máximo con que haya sido catalogada la actividad a la que se dedica la empresa[285].

✦ Contribución al Régimen Prestacional de Empleo, que consiste, por una parte, en una retención al trabajador como aporte de este a la Tesorería de Seguridad Social, equivalente a 0,5% sobre el salario normal devengado por el trabajador o aprendiz en el mes inmediato anterior; y, por la otra, en una contribución del patrono a la Tesorería de Seguridad Social de 2%

---

283 Ley Orgánica de Drogas. Gaceta Oficial N° 39.546 del 5 de noviembre de 2010. Artículo 32.

284 Ley Orgánica de Deporte, Actividad Física y Educación Física. Gaceta Oficial N° 39.741 del 23 de agosto de 2011. Artículo 68.

285 Ley del Seguro Social, artículos 66 y 67; Ley Orgánica del Sistema de Seguridad Social, Gaceta Oficial Extraordinaria N° 5.891 del 31 de julio de 2008.

sobre el salario normal pagado al trabajador o aprendiz en el mes inmediato anterior[286].

✦ Aportes y contribuciones al Instituto Nacional de Cooperación Educativa y Socialista (Inces), que sugiere igualmente una retención al trabajador de 0,5% sobre las utilidades anuales, aguinaldos o bonificaciones de fin de año de cada trabajador, y una contribución del patrono de 2% sobre el salario normal mensual de cada trabajador[287].

✦ Aportes y Contribuciones al Banavih, también sustentado en una retención al trabajador como aporte de este al Fondo de Ahorro Obligatorio para la Vivienda, equivalente a 1% sobre el ingreso total mensua, y una contribución del patrono de 2% sobre el ingreso total mensual de cada trabajador[288].

Comentarios finales: maximización de renta vs. atracción de inversiones

Los sistemas fiscales de cada Estado son los indicadores por excelencia de las proyecciones de rentabilidad, tanto para el Estado propiamente dicho como para los inversionistas privados, los cuales en definitiva se convierten en operadores parciales o totales de los proyectos de hidrocarburos. Las cargas económicas comunes al sector, en los sistemas fiscales estudiados, abarcan bonos de firma o asignación; derechos contractuales de participación en la producción; derechos e impuestos por el uso de la tierra o superficie geográfica destinada a explotación; impuestos de producción y explotación; impuestos por alcanzar niveles de pro-

286 Ley Orgánica del Sistema de Seguridad Social, Gaceta Oficial Extraordinaria N° 5.891 del 31 de julio de 2008; Ley del Régimen Prestacional de Empleo, Gaceta Oficial N° 38.281 del 27 de septiembre de 2005, artículos 46 y 47.

287 Ley Orgánica del Sistema de Seguridad Social (2008); Ley del Inces, Gaceta Oficial N° 6.155 del 19 de noviembre de 2014; Decreto 1.414, artículos 49 y 50.

288 Ley Orgánica del Sistema de Seguridad Social, Gaceta Oficial Extraordinaria N° 5.891 del 31 de julio de 2008; Ley Banavih, Gaceta Oficial Extraordinaria N° 39.945 del 15 de junio de 2012, artículo 30.

ducción; impuestos o cargas económicas por altos precios en el mercado internacional, y, por supuesto, las regalías por explotación de los recursos (hidrocarburos) del Estado. Asimismo, cada Estado aplica gravámenes a la renta corporativa, la circulación de bienes (IVA), la importación y otras transacciones específicas. A su vez, estos instrumentos o herramientas de captación de ingresos petroleros pueden ser rígidos o flexibles.

Tradicionalmente, los Estados de la región se han basado en sistemas fiscales rígidos, con un alto *government take*, a veces con independencia de la rentabilidad de los proyectos de hidrocarburos. En otros casos, cuando los sistemas fiscales no han sido o son tan rígidos, estos han resultado exageradamente discrecionales y arbitrarios en favor del Estado que los aplica, por lo que ni siquiera con la incorporación de herramientas de flexibilización se reducen las cargas económicas reales sobre la actividad. A modo de ejemplo, Venezuela mantiene un esquema gravoso de la industria, lo cual, ante el actual y proyectado bajo precio del crudo, podría traducirse en un progresivo declive de los ingresos petroleros directos e indirectos del Estado en los venideros años. Brasil, cuya principal petrolera estatal atraviesa una profunda crisis de credibilidad, se enfoca en el relativamente reciente descubrimiento de importantes yacimientos para explotación, así como la promesa de continuidad en el interés de inversionistas, más que en su esquema de participación fiscal o incentivos atractivos. Y Colombia, que tuvo un importante crecimiento productivo en la última década, y cuyo sistema fiscal es realmente avanzado y flexible para su corta trayectoria como Estado petrolero, no alcanza los niveles de inversión esperados, con demasiada dependencia de un alto precio del crudo.

Lo cierto es, en todo caso, que cualquier Estado con una significativa participación en el sector petrolero a nivel regional afronta importantes retos para sostener un resultado que en los últimos años se ha tornado contradictorio, esto es, atraer la inversión extranjera mientras se mantienen los niveles acostumbrados de recaudación petrolera. Y frente a esta realidad, la flexibilización y dinamización de los sistemas fiscales parece ser la clave[289].

Como premisas básicas, el esquema de regalías fijas, basado en una participación o renta para el Estado con independencia de los costos y ganancias del proyecto, requiere ser sustituido por el de regalías de escala variable, asociadas con el éxito en la producción, mientras que la participación del Estado como accionista de operadoras mixtas tiene que evitar ser totalitaria, y debe permitir que los factores de rentabilidad para los operadores sean razonables, dados los riesgos y costos asumidos por estos.

La tendencia parece de hecho sugerir un retorno cíclico a décadas atrás, en las que la producción petrolera de los Estados de la región se encontraba apenas en su despertar, y se requería de capital y experiencia privada para el desarrollo de la misma. En aquellos tiempos, las participaciones de capital público y privado eran prácticamente igualitarias, el riesgo exploratorio totalmente asumido por los operadores privados, la titularidad del recurso —e incluso su comercialización— también transferida al operador privado, y se presentaban numerosos incentivos fiscales a los activos como atractivo adicional. Si bien se sacrificaba parte de la renta petrolera, se mantenían los niveles de inversión y se desarrollaba la industria a bajo costo.

Estas necesidades parecen reunirse nuevamente en esta etapa coyuntural del mercado internacional de hidrocarburos. Los Estados deben adaptar sus sistemas fiscales, pero esta vez capitalizando su experiencia y aprendizaje como desarrolladores directos

---

289 Evidentemente hay otros tres factores que definirán en cada Estado la renta proveniente de hidrocarburos, a saber: el costo de producción, el volumen de producción y el precio de venta. Los resultados económicos por la combinación de estos factores son más que aparentes, en el sentido de que, a menor costo, mayor producción y mayor precio, las ganancias serán mayores. No obstante, las circunstancias actuales no parecen permitir a los Estados mantener una apuesta al alto precio de los hidrocarburos. Se requiere descargar el costo de inversión pública y transmitir el riesgo exploratorio a los inversionistas privados.

de las actividades de hidrocarburos en los últimos años. Los esquemas de participación y rentabilidad deben ser suficientemente dinámicos para adaptarse a la actual volatilidad del mercado internacional de hidrocarburos. Y si bien tal adaptación puede derivar en el sacrificio de renta petrolera en el corto plazo, esta puede convertirse en la única vía de sostener el negocio petrolero (e incluso recuperar altos niveles de recaudación petrolera) a largo plazo, con la gran ventaja de que los actuales contratos petroleros y formas de participación privada permiten establecer parámetros de ajuste gradual de las participaciones en función de los avances y éxitos en la producción.

México es actualmente el Estado con el sistema fiscal más dinámico y flexible y, por tanto, mejor preparado, regulatoria y fiscalmente, tanto para la fluctuación de demanda y precios del mercado internacional como para atraer inversiones futuras en el sector. El sistema fiscal mexicano incluye prácticamente todas las herramientas conocidas de flexibilización del *government take* (escalas variables, factor R, derechos sobre precios altos, tasa de retorno) y, lo que es mejor, mantiene el *government take* más atractivo entre los países de alta producción de la región (65%-70%). Aun así, México tiene que superar los resultados negativos pasados y las necesidades financieras actuales de la petrolera estatal Pemex, al punto que si no la hace rentable en el corto plazo, podría no lograr verdadera eficiencia con los novedosos incentivos implementados para mantener la inversión extranjera y deslastrarse de su enorme dependencia del ingreso petrolero.

Ahora una verdadera sociedad comercial entre Estado e inversionistas, con mayor igualdad de condiciones entre las partes que la de años recientes, con cargas económicas ajustables y graduables a la rentabilidad de los proyectos, así como el uso de formas contractuales dinámicas, parece imponerse como medio para sostener los niveles de recaudación petrolera de los Estados de la región. Estas nuevas formas traerán nuevos y mayores retos para los Estados, como por ejemplo mantener control sobre los costos operativos en manos de operadores privados, para evitar fugas de rentabilidad por vía de costos excesivos; pero estos son retos propios y comunes a las grandes empresas multinacionales en general, así como de las administraciones tributarias y financieras a nivel mundial. Los Estados, aun cuando titulares del recurso, y de su administración y control, parecen tener que evolucionar como actores prácticamente privados en el desarrollo de un negocio altamente riesgoso y rentable. La época dorada de los esquemas fiscales rígidos, basados en elevadas regalías o cargas económicas fijas, convenientemente ajenas a la rentabilidad de los proyectos de hidrocarburos, luce acabada.

Regulación jurídica y nuevas realidades

Hemos analizado la normativa jurídica que rige la actividad petrolera en Brasil, Colombia, México y Venezuela, así como las causas, circunstancias, ideas y distintas concepciones que condujeron a ellas. Hemos visto cómo en el tiempo y en distintos países se han acogido y descartado modelos abiertos y modelos cerrados. Corresponde ahora retomar algunas ideas y presentar nuevas visiones. Constataremos la relación que pudiera establecerse entre los precios y la adopción de los distintos modelos; veremos, como lo hemos dicho a lo largo de este trabajo, la relación que existe entre la apertura o el cierre en los modelos y los volúmenes de producción y los precios. Nos vamos a asomar igualmente al tema de las energías sustitutivas y nos percataremos de que estos diferentes temas se relacionan y superponen entre sí.

Precios y políticas petroleras

La incidencia de los precios sobre los modelos
El precio del petróleo fluctúa por diferentes causas. La más importante es la interacción entre oferta y demanda, aunque también deben tomarse en cuenta factores geopolíticos, especulaciones financieras, el cambio climático o decisiones voluntarias de incremento.

Entre 2002 y 2006 se produjo un fuerte aumento de los precios del petróleo debido principalmente al incremento de la demanda en los mercados emergentes en Asia, como China e India; a la caída de la producción en Irak; a los problemas de suministro en Nigeria, en Venezuela y en varios países de Medio Oriente; a los daños causados por el huracán Katrina, entre otros factores. En 2008, como consecuencia de la crisis bancaria, de la baja del consumo en los países industrializados y debido a excedentes de producción, tiene lugar una fuerte pero breve caída de los precios de los hidrocarburos. Luego los precios se mantienen altos hasta junio de 2014 cuando se inicia un proceso de baja que aún se mantiene, debido a una fuerte contracción de la demanda asiática así como un sustancial incremento de la oferta. Como consecuencia de ello las compañías productoras reducen la inversión y tratan de disminuir sus costos. Paralelamente se experimentó un fuerte incremento de la producción no convencional en Estados Unidos, el incipiente regreso de Irán al mercado abierto y la negativa de Arabia Saudita y demás productores del Golfo Pérsico de reducir su producción (Espinasa y Sucre, 2015).

Espinasa (2016: 2) sostiene que el nuevo rol de Estados Unidos como primer productor mundial cambia la visión del mercado internacional del petróleo. Introduce un nuevo modelo operacional para el mercado global, en el cual el precio del crudo se fija en función del costo marginal de producción de las nuevas reservas no convencionales de Estados Unidos. Este nuevo modelo deja de lado el mecanismo establecido por la OPEP en los años setenta, en el cual los miembros de la organización producían en función de la demanda para garantizar sus ganancias oligopólicas con base en precios establecidos por ellos. Son parte esencial de la fijación de los precios: el tamaño de las reservas no convencionales, la reducción constante de sus costos de producción y la participación en el mercado de cientos de nuevos actores que compiten entre ellos (Espinasa, 2016: 6). Todo ello conduce a concluir que en el corto plazo los precios se mantendrán en una banda entre US$ 30 y US$ 50 (Espinasa, 2016: 24).

La caída de los precios afecta, como es lógico, a los países en estudio. Sustancialmente a Venezuela, que obtiene de los hidrocarburos el 95% de sus divisas, pero golpea fuertemente también el ingreso público en Colombia, Brasil y México.

Monaldi (2015a; 2015c) recuerda que el *boom* petrolero de los años setenta se vio acompañado por una ola de nacionalismo, de limitaciones constantes a la propiedad de los inversionistas extranjeros y por un incremento de la propiedad estatal, de los controles y de los impuestos. Venezuela, Bolivia, Ecuador y Argentina nacionalizaron el petróleo durante ese lapso y México mantuvo el monopolio estatal.

La caída de los precios en los años noventa trajo consigo procesos de apertura en Brasil, Venezuela y Argentina (incluyendo la privatización de YPF). Pero cuando los precios vuelven a subir en los comienzos del siglo, Venezuela se vuelve a cerrar, Brasil endurece las condiciones impuestas a los inversionistas extranjeros en las áreas más promisorias, Argentina renacionaliza su industria y los procesos de apertura que se iniciaban en México quedan diferidos.

A mediados de 2014, los precios del petróleo empiezan a contraerse para derrumbarse en 2015 y mantenerse a niveles bajos hasta hoy. Venezuela intenta atraer inversiones para la explotación de la Faja del Orinoco y se han suscrito acuerdos para la conformación de empresas mixtas con CNPC, Chevron y Repsol, establecer mecanismos más fluidos para la gestión y mejores condiciones en cuanto al tipo de cambio. Un proceso similar ocurre en Ecuador con la participación de empresas chinas y en Brasil y Colombia se procede a subastar áreas para la exploración y hacer mejoras en la situación tributaria. En 2013, en México se concretó el proceso de apertura, en parte para responder al derrumbe de la producción de petróleo que se había iniciado en 2005.

Se trata de tendencias que asumen en cada país modalidades distintas, pero se puede observar, como bien lo explica Monaldi, la existencia de ciclos de inversión y de expropiación. Explica el autor (Monaldi, 2015c: 2):

Las características del sector lo hacen muy susceptible a este fenómeno. Como es un sector que genera grandes rentas pero muy volátiles y los marcos fiscales son poco efectivos capturándolas a precios altos, cada vez que se produce un ciclo de subida de precios, surgen incentivos para renegociar los contratos o nacionalizar. Además, los gobiernos son impacientes y aun cuando la participación del Estado en las ganancias sea alta en el largo plazo, quieren recibir la renta petrolera inmediatamente. Por otra parte, como el sector se caracteriza por una gran inversión inicial en activos inmovilizados que no tienen otro uso y que maduran en el largo plazo, una vez que se termina el ciclo de inversión y se aumentan la producción y las reservas, se hace muy atractivo para el Estado cambiar las reglas del juego y apropiarse de un pedazo más grande de la torta. A los operadores no les queda más remedio que consentir porque esa alternativa es menos mala que abandonar el proyecto (...) Los países que no expropiaron eran importadores netos como Brasil y Perú o con producción y reservas declinantes como Colombia. Tenían por tanto incentivos para seguir atrayendo inversión. Pero incluso Brasil, cuando descubrió gigantescas reservas en aguas profundas, se movió en la dirección de mayor control estatal, aunque sin llegar a expropiar los proyectos existentes.

Este fenómeno resultó muy perjudicial para los países productores pues se desaprovechó el lapso de precios elevados, y los recursos que ellos generaron, para invertir, y tienen ahora que buscar socios extranjeros en condiciones menos propicias (Monaldi, 2015c). La inestabilidad institucional, como ya lo hemos analizado, es poco propicia para la inversión.

Los precios no solo inciden en las políticas petroleras. Con anterioridad lo habían hecho sobre las ideologías dominantes. Ya en el capítulo 2 nos referimos a las ideologías. Señalamos que entendemos por ideología un sistema de valores, de ideas y conceptos adecuados a la acción social. Estas ideas, estas visiones del mundo al que se aspira, han producido grandes movimientos sociales y políticos que pretendieron o pretenden transformar la sociedad. De una realidad de atraso y de pobreza, de subdesarrollo, de caudillos, de sometimiento a grandes potencias imperiales, han surgido en América Latina grandes aspiraciones. Insistiremos ahora en la influencia de la ideología en materia petrolera y de los ciclos que en ella se han producido que pueden o no coincidir con los ciclos ideológicos más generales.

Los ciclos ideológicos son fenómenos recurrentes que se traducen en los surgimientos de valores y visiones compartidas que luego inciden en la formulación de política pública. Los ciclos pueden descomponerse en etapas en las cuales se destacan la crisis de las visiones hasta entonces predominantes, el surgimiento de pensamientos alternativos y luego, de ser el caso, la aplicación de las nuevas visiones a la acción de gobierno.

Rousseau (2012: 27) sostiene que gobiernos de izquierda surgieron a comienzos del siglo XXI en numerosos países de América Latina como Argentina, Bolivia, Brasil, Chile, Ecuador, Honduras, Nicaragua y Venezuela. La autora considera que este fenómeno es una respuesta al ciclo neoliberal de la década anterior. Paralelamente, desde 2002 se produce el fuerte incremento del precio de los hidrocarburos y la bonanza económica que, unida al nuevo sesgo ideológico, condujo a nacionalizaciones, nuevos controles al capital extranjero e incrementos de la carga impositiva. Las modalidades de ese proceso varían de país en país. En México se presenta un ciclo inverso: entre 2000 y 2012 gobiernan presidentes de centro-derecha que intentan con poco éxito abrir el modelo y hay que esperar el regreso del PRI al poder para que se concrete un cambio del modelo cerrado al modelo abierto.

Los bajos precios y las tecnologías costosas

Otro aspecto a considerar que tiene que ver con la caída de los precios en 2014 es la incidencia que esta tiene en el desarrollo de nuevos procesos productivos con altos costos de extracción o de refinación. Así, las grandes reservas descubiertas aguas afuera en Brasil y México tienen ahora una perspectiva financiera diferente y con precios bajos y altos costos estos procesos se ven seriamente afectados. De esta manera, el éxito o fracaso de la apertura mexicana y del cierre del modelo brasilero estarán muy vinculados a esa situación.

Igual ocurre con la Faja Petrolera del Orinoco (Coronel, 2015). Durante muchos años se pensó que la misma constituía la garantía del desarrollo futuro de la industria petrolera venezolana. Descubierta en 1938, no fue objeto de mucha atención por las compañías concesionarias extranjeras por tratarse de bitúmenes o petróleos extrapesados. Era mejor negocio concentrar la operación en los crudos más livianos de las llamadas cuencas de Maracaibo y Maturín. A partir de 1970 la Faja del Orinoco se volvió muy importante debido a la estatización de la industria y a la declinación de la producción y potencialidad de los crudos más livianos.

En la década de 1990, durante el proceso de apertura petrolera, se empezó la explotación importante de la faja, en asociación de Pdvsa con empresas internacionales. Se invirtieron más de US$ 23.000 millones y se alcanzó un volumen de producción cercano al millón de barriles diarios. Se construyeron plantas de conversión profunda, a fin de convertir el petróleo extrapesado en un producto comercializable (Rodríguez, 2006: 122).

A partir de 1999 se empieza a cerrar el modelo venezolano y el proyecto de desarrollo de la faja en asociación con empresas internacionales se alteró fuertemente. A las empresas se les exigió renegociar sus contratos y dos de ellas, Exxon y ConocoPhillips, salieron del país y demandaron a Pdvsa en tribunales internacionales. Se establecieron términos diferentes de participación, donde Pdvsa tendría 60% de propiedad accionaria y las empresas extranjeras tendrían que aportar el 100% de las inversiones y gastos, para ser reembolsadas con petróleo a futuro. Desde 2006, la Faja del Orinoco ha visto un constante entrar y salir de empresas de distintos tamaños y de varios países, incluyendo India, Vietnam, Cuba, China, Rusia, Uruguay, Malasia, Irán y Estados Unidos. La mayoría de estas empresas carecen de tecnologías necesarias, del capital y de intenciones de hacer aportes cuantiosos en el desarrollo de la zona (Coronel, 2015).

En este lapso de 15 años, continúa Coronel, el mundo de la energía ha estado cambiando. Aparecieron con mucha fuerza, sobre todo en Estados Unidos, el gas y el petróleo de lutitas. El uso de energías limpias está creciendo rápidamente, sobre todo en Europa. La presión de los ambientalistas se ha incrementado hasta el punto que en Estados Unidos el Gobierno ya ha presentado un agresivo proyecto de reemplazo de combustibles fósiles (petróleo y carbón) por fuentes renovables de energía. El auto eléctrico está proliferando. Se habla de innovaciones importantes en el campo de las células solares y de futuras granjas de energía solar almacenada en el espacio exterior. Se afirma que si se desea limitar el calentamiento global de la atmósfera a no más de dos grados centígrados, importantes yacimientos de hidrocarburos contaminantes deberán dejarse bajo tierra (Coronel, 2015).

Se puede concluir afirmando, dados los resultados, que con la adopción del modelo cerrado y con los actuales precios del petróleo es imposible que Pdvsa pueda retomar el desarrollo de la Faja. Haría falta entonces una nueva apertura cuyos resultados solo se verían en un mediano plazo.

El ahorro petrolero

Dado el carácter fluctuante de los precios petroleros, comúnmente se ha aceptado la conveniencia de establecer mecanismos de estabilización del ingreso público, mediante fondos de ahorro que se alimenten durante los períodos de precios altos y que compensen los efectos fiscales graves que se producen cuando estos caen. Nos referimos, evidentemente, a aquellos países que dependen sustancialmente del ingreso petrolero, lo que incluye los cuatro casos en estudio.

Noruega es posiblemente el país más exitoso en el diseño y manejo de este tipo de políticas: el Government Pension Fund Global (GPFG), creado por ley en 1990 y alimentado por importantes ingresos provenientes de la actividad petrolera, es un fondo que busca asegurar que tanto la presente generación como las futuras se beneficien de la riqueza petrolera. Para 2015 el fondo se estimaba en US$ 800.000 millones, invertidos fuera de Noruega y que generan una importante renta anual[290].

En los países del Medio Oriente, las políticas de ahorro han sido ejecutadas, en muchos casos con gran éxito, por decisión gubernamental. A través de mecanismos diversos, países como Arabia Saudita, Kuwait, los Emiratos Árabes Unidos y Qatar disponen de importantes recursos para enfrentar el descenso de los precios. En el mismo sentido ha actuado Kazajistán, que dispone de más de US$ 70.000 millones en un fondo de ahorro petrolero.

Venezuela, México, Colombia y Brasil no tomaron suficientes precauciones para prevenir los efectos negativos de la fluctuación en los precios. Los tres primeros países crearon fondos de ahorro pero de limitada efectividad hasta ahora.

El artículo 321 de la Constitución venezolana de 1999 establece la creación por ley de un Fondo de Estabilización Macroeconómica (FEM) destinado a garantizar la estabilidad de los gastos del Estado ante las fluctuaciones de los ingresos ordinarios. Así, el FEM fue creado por ley en 2003, modificada en 2005, y para esta fecha no registra ninguna actividad[291].

---

290 Véase el enlace https://www.regjeringen.no/en/topics/the-economy/the-government-pension-fund/ government-pension-fund-global-gpfg/id697027/.

291 Visítese la página http://www.bcv.org.ve/fem/fem. asp.

La reforma constitucional de México estableció la creación del Fondo Mexicano del Petróleo para la Estabilización y el Desarrollo con la finalidad de administrar y distribuir los ingresos derivados de las asignaciones y contratos previstos en el párrafo séptimo del artículo 27 de esta Constitución, con excepción de los impuestos[292]. El fondo empezó a funcionar en enero de 2015 y, si bien recibió importantes aportes iniciales, la caída de los precios no le ha permitido desempeñar el rol para el cual fue creado (Ramos, 2015).

En Colombia, mediante la Ley 209 de 1995 se creó el Fondo de Ahorro y Estabilización Petrolera (FAEP). Este fondo era un sistema de cuentas en el exterior administrado por el Banco de la República, con subcuentas a nombre de Ecopetrol, de los departamentos y municipios receptores de regalías (y compen- saciones monetarias) y del Fondo Nacional de Regalías. El fondo solo se alimentaba de los recursos de las regalías petroleras, con lo cual el Gobierno central no se veía obligado a hacer el ahorro que sí era realizado por las entidades territoriales. Ocurrió también que las reglas de "desahorro" del fondo eran muy flexibles y permitían un retiro muy rápido de los fondos.

La Ley 1.530 de 2012 permitió que los entes pudieran retirar ahorros anualmente "en proporciones iguales y por el término de ocho años los recursos que les correspondan en dicho fondo hasta desahorrar 100% y no estarán obligados a realizar ahorros en dichos fondos" (Colfecar, 2014).

Incidencia de los marcos regulatorios sobre los volúmenes de producción

Son muchos los autores que han estudiado cómo las instituciones tienen una incidencia directa sobre la buena marcha de los gobiernos y la generación de riquezas.

---

292 Constitución de México, artículo 28.

En 1968, Samuel Huntington, al escribir sobre los países del tercer mundo, analizó las causas de la inestabilidad, del desorden y del atraso y concluyó en que más importante que la forma de gobierno es el grado de gobierno con que cuentan (Huntington, 1968).

Más recientemente, Francis Fukuyama ha señalado que el desarrollo de los países depende de su capacidad para dotarse de una estructura institucional sólida y flexible a la vez. Afirma que los tres componentes del orden político moderno son un Estado fuerte y eficaz, un Estado subordinado a la ley y un gobierno responsable ante los ciudadanos. Recuerda que el Estado es una organización jerárquica y centralizada que tiene el monopolio de la violencia legítima en un determinado territorio. Ese Estado, y quienes ejercen el poder, está sometido a la ley, respeta los derechos de los ciudadanos y consagra y garantiza la propiedad y el cumplimiento de los contratos. No debe confundirse fortaleza con arbitrariedad: el Estado es fuerte en la medida en que cumple cabalmente con su cometido, pero tiene que hacerlo sometido a la ley y respetando los derechos y garantías (Fukuyama, 2011; 2014).

Acemoglu y Robinson (2012) establecen el carácter determinante de las instituciones. Ellas indican cómo se escoge a quienes gobiernan y cuáles son las competencias de cada una de las partes que conforman el Gobierno. Determinan quién tiene el poder y cuáles son sus límites. Si el poder se concentra y no está sometido a límites estamos en presencia de instituciones absolutistas en las cuales quienes detentan el poder pueden lograr que las instituciones económicas sirvan para enriquecerlos e incrementar su propio poder a expensas de la sociedad.

Los mismos autores plantean la distinción entre instituciones políticas extractivas en las que un grupo pequeño de individuos lograr explotar al resto de la población, e instituciones políticas inclusivas o pluralistas, en las que muchos participan en el Gobierno, lo que excluye o disminuye la explotación (Acemoglu y Robinson, 2012: 79-80).

Kaufmann, Kraay y Zoido-Lobatón (1999) plantean que las fallas en la gobernanza son costosas y que una buena gobernanza trae consigo beneficios. Proponen dos retos: primero, dejar de lado las anécdotas, por sugestivas que sean, y pasar a una aproximación sistemática para medir la gobernanza, sus determi- nantes y sus consecuencias para el desarrollo económico y social, y segundo, utilizar data y análisis rigurosos como soporte de las reformas institucionales que se propongan para mejorar la gobernanza y disminuir la corrupción (Kaufmann, Kraay y Zoido-Lobatón, 1999).

Eso es lo que intentan Ramón Espinasa y Lenin Balza al constatar que a partir de 2002 y del incremento del precio del petróleo, tres países de América Latina (Brasil, Colombia y Perú) incrementaron su producción, mientras que otros cuatro países productores (México, Venezuela, Ecuador y Argentina), inesperadamente, vieron estancarse la perforación y declinar la producción. Sostienen los autores que esta situación está relacionada con las instituciones, con la gobernanza en materia petrolera y con el marco regulatorio de la inversión, la actividad y la producción que cada uno de ellos ha establecido. La industria petrolera en los países del primer grupo está abierta a la inversión privada y a la competencia, sometida de manera permanente al escrutinio público, y las asignaciones de áreas y las operaciones están sujetas a la supervisión de agencias regulatorias independientes y que tienen reglas estables. Los países del segundo grupo se caracterizan por concentrar la producción en una compañía estatal con importantes grados de intervención gubernamental discrecional en los procesos productivos y en la distribución de las ganancias. La transparencia y la competencia son inexistentes en la actividad petrolera (Balza y Espinasa, 2015).

Utilizando la clasificación que hemos propuesto, podemos decir que los "modelos abiertos", siguiendo la lógica del mercado, aprovecharon los precios altos para invertir y producir más, mientras que los países con "modelos cerrados" se quedaron estancados. Anotamos que México abrió su modelo a partir de 2013 y que Brasil empezó a cerrar el suyo en 2010.

Los autores en referencia demuestran que la producción cae cuando se adoptan modelos cerrados a pesar del incremento de los precios después de 2002. Inversamente, la adopción de modelos abiertos, que encuentra su mejor expresión con la creación de agencias regulatorias, conduce al incremento de la inversión y al aumento de la producción (Balza y Espinasa, 2015).

¿Qué condujo a que Venezuela, México, Argentina y Ecuador no reaccionaran ante el incremento de los precios de la manera que la lógica del mercado lo indicaba, es decir, incrementando su actividad petrolera para producir más? La gobernanza. En modelos cerrados, los Estados y los gobiernos de turno buscaron maximizar la renta, mientras que en los modelos abiertos el agenciamiento institucional condujo a maximizar el potencial futuro de riqueza mediante el incremento de las reservas y de la capacidad de producción.

Las fuentes alternas de energía

Los países productores de petróleo enfrentan la amenaza de que otras fuentes de energía lo sustituyan. Para ello pueden operar diferentes factores no excluyentes:

✦ Los países no productores buscan reducir su dependencia del petróleo.

✦ De manera creciente el mundo busca, por razones ambientales, disminuir y hasta eliminar fuentes de energía contaminantes (problema del cambio climático, de calentamiento global o del agujero de la capa de ozono). De allí la búsqueda de energías limpias, es decir, de baja emisión de gases de efecto invernadero y contaminantes.

✦ El cierre de los países productores a la inversión extranjera, que en general conduce a que los países consumidores busquen otras formas de satisfacer sus necesidades de energía.

Para la generación de electricidad, es posible sustituir la generación de base —que provee electricidad a todo momento— a partir del carbón y productos derivados del petróleo con fuentes de menores (y hasta nulas) emisiones de dióxido de carbono como la energía hidráulica, la energía nuclear, la energía geotérmica, el gas natural y los biocombustibles. Otras energías de bajo impacto ambiental incluyen la eólica, la solar y la maremotriz. Sin embargo, estas fuentes, a falta de tecnología que permita almacenar energía a gran escala, no funcionan para proveer energía de base, sino que entran y salen de los sistemas interconectados dependiendo de la disponibilidad del recurso, sea viento, sol, o movimientos del mar.

Las últimas conferencias mundiales en materia ambiental van señalando un camino. Hay cada día mayor consenso con relación a los efectos perniciosos del petróleo sobre el medio ambiente. Si existen en los países productores condiciones y reglas de juego favorables para la inversión extranjera que conduzcan a incrementar la producción, disminuyendo los riesgos ambientales, el petróleo tendrá una ventana de oportunidad que se extenderá en el tiempo, mientras que mantener modelos cerrados ayudaría a los procesos de sustitución. Sin embargo, hay que tomar en cuenta que la sustitución del petróleo por otras energías será seguramente muy lenta. En su último reporte anual de previsión energética, la Agencia Internacional de Energía concluyó que, bajo las políticas ambientales, financieras y energéticas vigentes, el petróleo pasaría de ser 31% de la demanda mundial a 30% en 2020 y 27% en 2040. Las fuentes energéticas de bajas emisiones, que hoy son 18% de la demanda mundial, serían 20% en 2020 y 21% en 2040 (AIE, 2015). Bajo el set de políticas más ambicioso en cuanto al control de emisiones de gases de efecto invernadero, la AIE estima que el petróleo sería 29% en 2020 y 17% en 2040, con las energías de bajo impacto ambiental creciendo de su 18% actual a 21% en 2020 y a 31% en 2040.

Conclusiones

"En el largo plazo, todos estaremos muertos", escribió John Maynard Keynes (Keynes, 1923). Muchos se han equivocado al interpretar estas palabras como una *boutade* que nos invita a ocuparnos del presente y a no preocuparnos por el futuro lejano. En realidad, Keynes quería expresar una respuesta a lo que muchos economistas de su época pensaban: la economía de los países necesariamente regresa a un punto de equilibrio, siempre y cuando los gobiernos no interfieran y tengamos la paciencia de esperar (Taylor, 2013). La historia demostró que la "espera" puede ser un trágico error y que, ante los fenómenos de crisis, los gobiernos tienen que actuar. En nuestro ámbito petrolero, la pregunta que tenemos que contestar es ¿cómo tiene que actuar el Estado? Y las respuestas pueden resumirse en dos grandes lineamientos de política pública: los modelos abiertos o los modelos cerrados. No se trata de asumir un dogma, pues no existen modelos totalmente abiertos ni totalmente cerrados. Pero el hecho es que ninguno de los dos caminos supone la pasividad del Estado frente al mediano y el largo plazo.

Como se dijo, la demanda de petróleo en el mediano plazo va a disminuir, pero no de manera drástica porque la demanda de energía va a aumentar. En las próximas décadas el petróleo seguirá siendo una fuente primordial, pero el mundo de los hidrocarburos va a transitar por caminos inciertos, enfrentar nuevos retos y los países productores tienen que diseñar sus políticas para que su industria petrolera "no muera" en el largo plazo. Esto adquiere particular importancia en los tiempos que corren por la dramática caída de los precios, motivada por cambios estructurales en el mercado petrolero, que para los países en estudio tiene gravísimas consecuencias. Se ha producido un importante incremento de la oferta[293], un cambio de perfil en la demanda y cambios de estrategia de algunos países productores.

Concuerdan la mayoría de los análisis en que los bajos precios van a durar posiblemente hasta el final de la década, aunque ya para el 2018 el barril podría venderse a US$ 80 y que luego seguirá subiendo. Pero no se descartan escenarios en los cuales los precios se mantengan bajos hasta el final de la década (Espinasa, 2016). Lo que sí está claro es que solo para mantener la actual producción de petróleo y gas se requiere una inversión de US$ 630.000 millones por año, un punto de partida para calcular los volúmenes de inversión que se necesitan para subir la producción (AIE, 2015). El problema que enfrentan los gobiernos es el siguiente: ante la caída del ingreso petrolero, el gasto público se contrae y se produce una caída en la inversión en exploración y mantenimiento de la actividad existente. Esto pone en riesgo la capacidad de producción presente y sobre todo la futura.

En el mediano y largo plazo, los problemas son otros, como se expresa a continuación.

Con mucho acierto advirtió el expresidente de Ecopetrol, Isaac Yanovich: "Nadie sabe el orden de llegada y de penetración de las nuevas fuentes y de tecnologías como las celdas de hidrógeno, los biocombustibles de nueva generación, los hidrocarburos no convencionales y sintéticos y hasta los automóviles eléctricos, entre otros. Tampoco es clara la velocidad que tendrán los cambios en tendencias de urbanización, patrones de consumo, estilos de vida o movilidad, ni las consecuencias que tendrá la incerti-

---

293   Véase Espinasa (2016). Según cifras de la OPEP, la demanda mundial de crudo fue, en 2015, de 92,9 millones de barriles por día y la oferta fue de 94,9 millones.

dumbre sobre la generación nuclear tras lo sucedido en Japón. Sin embargo, de lo que sí estamos seguros es que las empresas que no sean capaces de adaptar su oferta por fuente y geografía, que no puedan generar tecnología propia, ofrecer servicios energéticos sofisticados o integrarse con negocios afines y complementarios, estarán condenadas a languidecer o desaparecer" (Yanovich Farbaiarz, 2010).

El futuro petrolero de Brasil, Colombia, México y Venezuela va a depender del éxito que tengan estos países en mantener o incrementar sus cuotas de mercado. La situación es especialmente dramática para Venezuela debido a la casi total dependencia del petróleo en lo que se refiere a sus exportaciones.

Empíricamente, se ha podido constatar que los modelos abiertos conducen a incrementos de inversión y de producción (Espinasa y Balza, 2015). Lo hemos visto a lo largo de las páginas que anteceden. Los modelos cerrados, por el contrario, presentan escenarios de baja producción y decaimiento de la actividad petrolera. El caso de Venezuela constituye un ejemplo evidente.

Un elemento componente esencial del modelo abierto es el Estado de derecho y allí se presenta una debilidad estructural en América Latina.

No basta que las constituciones y las legislaciones secundarias establezcan un claro marco regulatorio de la actividad petrolera. Se requiere la existencia de un Estado de derecho, lo que implica el respeto de cuatro principios fundamentales[294]:

✦ El Gobierno, sus funcionarios y agentes, así como los particulares y las entidades privadas responden ante la ley.
✦ Las leyes son claras, públicas, estables y justas. Se aplican a todos por igual y protegen los derechos fundamentales, incluyendo la seguridad de las personas y la propiedad.

---

294   Visítese la página de The World Justice Project en http://worldjusticeproject.org/.

- ✦ El proceso a través del cual las leyes se sancionan, se administran y se ejecutan es accesible, justo y eficiente.
- ✦ La justicia se imparte oportunamente por jueces competentes, imparciales, de alto nivel ético e independencia. Debe existir un suficiente número de jueces que disponga de los recursos necesarios.

El aumento de la oferta frente a una disminución de la demanda, la exigencia de energías limpias, el surgimiento de nuevas tecnologías y las variables geopolíticas son el marco dentro del cual deben definirse nuevas estrategias. En cualquier caso, se requieren grandes volúmenes de inversión que están condicionados por el precio del barril, pero también por los marcos regulatorios y la evolución política de cada país. Es muy importante la percepción que tengan los inversionistas con relación a cada Estado en lo que concierne a su manejo macroeconómico en general y a su política petrolera en particular.

La escogencia acertada de los marcos regulatorios y la medición de los efectos de estas decisiones se han visto afectadas por la caída de los precios y el endeudamiento que afectan tanto a los modelos abiertos como a los cerrados. Los cuatro países, en mayor o menor grado, han definido estrategias, pero han tenido que adaptarlas o redefinirlas ante la situación del mercado que conduce a la adopción de medidas que logren atraer la inversión.

Las nuevas estrategias petroleras y la caída de los precios[295]

México
Después de 70 años de monopolio estatal, se produjo la apertura que analizamos en el capítulo 4. Aprobada la reforma de la

---

295 Para esta sección, véase Flores, Baquero y Bellorín (2015). Esta renovación de estrategias se ha quedado en entredicho debido a la caída de los precios.

Constitución y sancionadas las leyes secundarias, se convocó, en diciembre de 2014, a una primera ronda de licitaciones. Ya para esa época los precios del crudo habían caído abruptamente, dejando a los proyectos poco atractivos a la inversión privada y arriesgando así el éxito de la reforma. De los 14 bloques abiertos en licitación, ocho no recibieron oferta alguna y cuatro que sí interesaron a los inversionistas no alcanzaron el requisito mínimo, establecido por el Gobierno, de 40% de ganancias antes de impuestos. Solo dos bloques fueron adjudicados. Juan Carlos Zepeda, miembro de la Comisión Nacional de Hidrocarburos, admitió que la primera ronda resultó muy por debajo de las expectativas, señalando que la caída de los precios y la crisis europea tuvieron que ver con ese pobre resultado (*Oil and Gas Investor*, 2015).

La Secretaría de Energía reaccionó ante la falta de éxito de la primera ronda. Se hicieron públicas las nuevas condiciones para la segunda, flexibilizando los contratos y presentando incentivos fiscales para lograr una mayor rentabilidad.

La Secretaría de Energía (Sener) publicó ajustes a las condiciones en marzo y mayo de 2015, flexibilizando los contratos y ofreciendo incentivos fiscales para aumentar la rentabilidad. Además, planean hacer este tipo de ajustes anualmente, tal como lo indica su último Plan Quinquenal 2015-2019, y la Sener consultará con la industria y gobiernos estatales a través de encuestas para evaluar el plan y permitirle "responder a las condiciones del mercado". En el plan reconocen la importancia de una "visión compartida e integral y de largo plazo para el éxito".

La segunda ronda fue exitosa. Se ofrecían cinco bloques en aguas no profundas del golfo de México y tres de ellos fueron adjudicados en términos muy promisorios para el Estado y la tercera ronda fue aún mejor: la totalidad de los 25 bloques ofrecidos, todos en tierra firme, fueron adjudicados, la mayoría de ellos a nuevas empresas mexicanas fundadas después de las reformas.

Sobre el futuro inmediato, el presidente Enrique Peña Nieto ha sido muy claro, indicando las prioridades de su administración en materia petrolera[296]: (1) independientemente de lo que ocurra en el entorno internacional, México sigue adelante con la implementación de la reforma energética; (2) el Estado mexicano seguirá implementando la reforma energética, con base en los más altos estándares de transparencia y rendición de cuentas, y (3) se seguirá trabajando para que el sector energético se caracterice por prácticas regulatorias y contractuales de excelencia, que den total certidumbre a los inversionistas. Con este propósito, se mantendrá un marco fiscal competitivo y estable, mientras que las autoridades mexicanas se seguirán conduciendo con total apertura y disposición para continuar mejorando sus procesos.

En diciembre de 2016 se llevará a cabo la cuarta licitación de la Ronda Uno, correspondiente a los yacimientos de exploración, localizados en aguas profundas del golfo de México. A partir del 1° de enero de 2016 se permite que las estaciones de servicio no tengan que ser de una franquicia de Pemex y el suministro no está condicionado a la franquicia. Y desde el 1° de abril de 2016 cualquier empresa puede importar gasolinas y diésel.

No quiere esto decir que el camino esté totalmente despejado para México. Existen obstáculos importantes que se agregan a la caída de los precios y que deben superarse, como se detalla a continuación.

El primer problema es la situación financiera de Pemex (Martínez Ahrens, 2016). La empresa lleva 13 trimestres consecutivos con saldos negativos y para 2015 anunció una pérdida de US$ 30.000 millones y mantiene una deuda que asciende a US$ 70.000 millones, cuyo servicio se dificulta por la caída de los precios. Los pasivos ascienden a US$ 190.000 millones, de los cuales la mitad es de origen laboral. El nuevo presidente de la empresa,

---

296 Conferencia ofrecida en IHS CeraWeek, Houston, 22 de febrero 2016.

José Antonio González Amaya, designado en febrero de 2016, llega con la experiencia de haber logrado reducir en un tercio el déficit del Seguro Social. Pemex ha anunciado fuertes recortes de gastos en las divisiones de exploración y producción y de transformación, lo que traerá consigo un número cuantioso de despidos. Aunque no ha habido un compromiso formal, la Secretaría de Hacienda ha sido muy clara al anunciar su respaldo a Pemex, lo que permite pensar que se descarta el *default*.

El segundo de ellos es la debilidad del Estado de derecho. Aunque hoy el poder está mucho más sometido a pesos y contrapesos, el país sufre de lo que los sociólogos llaman *path dependency*, "dependencia del camino" en castellano. Las instituciones son débiles y el poder judicial poco transparente, mal remunerado y muchas veces sometido a presiones externas. La seguridad jurídica es una condición previa para el éxito de las reformas en México[297].

Un tercer aspecto tiene que ver con la inseguridad. El poder del crimen organizado en México asume tal importancia que puede constituirse en una traba en el desarrollo de los planes de expansión petrolera. Los profesores Tony Payán y Guadalupe Correa Cabrera describen la situación de este modo: la región petrolera del noreste de México está afectada por organizaciones narcotraficantes que no solo se dedican al tráfico de drogas, sino que se han diversificado, ocupándose de minería ilegal, robo de petróleo (tomado de los oleoductos), gas y gasolina (robando camiones cisternas). El volumen de estas actividades ilícitas es importante y pone en riesgo el éxito de la apertura petrolera en esa región del país (Payán y Correa Cabrera, 2014).

El cuarto aspecto tiene que ver con los conflictos sociales que puedan presentarse en ocasión de la explotación de nuevas áreas

---

297 Véanse las presentaciones en el coloquio "The Rule of Law and México's Energy Reform", organizado por el Baker Institute for Public Policy de la Rice University, Houston, 11 de febrero de 2016.

petroleras por compañías transnacionales, especialmente en lo que concierne al uso del agua y de la tierra. La nueva legislación permite la aplicación de medidas compulsivas, en aras del interés nacional. Pero no debe olvidarse que la Revolución mexicana se hizo para garantizar la tierra a los campesinos y que estos están protegidos por la institución del amparo.

Por último debe recordarse que la gigantesca inversión que se producirá en México (unos US\$ 50.000 millones para 2018), si la apertura resulta exitosa, generará una demanda de un gran número de trabajadores calificados para atender las necesidades de las compañías participantes y del propio Gobierno mexicano (O'Connor, 2015). El sistema educativo mexicano, en todos sus niveles, tiene deficiencias, lo que presentará un reto para las empresas que están obligadas por ley a tener 90% de empleados mexicanos. La carencia de egresados del sistema educativo con los conocimientos y habilidades requeridas puede significar un cuello de botella en la implementación de la reforma energética.

Colombia

A diferencia de Venezuela, México y Brasil, Colombia no dispone de importantes reservas de hidrocarburos. Se calcula que, de no producirse nuevos hallazgos, solo le queda petróleo para siete años de producción doméstica.

Ecopetrol también cambió de presidente: fue designado Juan Carlos Echeverry, ex ministro de Hacienda, quien anunció una nueva estrategia dirigida a transformar la empresa, mediante la innovación y el conocimiento, garantizando su sostenibilidad en el largo plazo, dando prioridad a la exploración y a la producción de petróleo y gas y mejorando el desempeño en la las áreas de refinación, transporte y petroquímica.

Se trata de hacer de la petrolera estatal una empresa altamente competitiva capaz de igualarse con los mejores referentes del mundo.

Los elementos fundamentales de la nueva estrategia son:

✦ Una inversión anual de US$ 6.000 millones acompañada con un programa de desinversión en activos no estratégicos que no tengan elevados niveles de rentabilidad. Se adoptó un plan para ahorrar US$ 1.000 millones mediante la obtención de eficiencias estructurales.

✦ Elevar el nivel de reservas probadas aumentando la actividad exploratoria.

✦ Incrementar la producción mediante la producción de "barriles eficientes" en los campos rentables y mejorar el recobro. Se aspira a un incremento de producción de 1% a 2% interanual y generar beneficios tanto para los accionistas como para los colombianos. Se espera para el 2020 duplicar la rentabilidad del capital.

✦ El plan contempla transformaciones profundas al interior de la empresa, tanto en los segmentos de negocios como en gestión de proyectos, tecnología, relacionamiento con el entorno y gestión activa del portafolio. Se busca una transformación cultural que incentive y promueva la consecución de los resultados y se estructure sobre los principios de integridad, colaboración y creatividad (*Inteligencia petrolera*, 2015).

La nueva estrategia de Ecopetrol fue diseñada cuando el barril de petróleo se cotizaba por encima de los US$ 60. La situación hoy es diferente. Según reseña *El País*, las ventas externas de 2015 se redujeron un 37,7% en comparación con el año anterior. La caída fue de un 35,1%, por lo que se estima que Colombia dejó de ingresar unos US$ 17.910 millones. El peso perdió un tercio de su valor frente al dólar en 2015 y solo en enero de 2016 había bajado un 3,6%. Ecopetrol ha anunciado nuevos ajustes: ventas de activos no petroleros por el orden de US$ 1.400 millones; reducción adicional de un 10% del número de trabajadores; diferimiento del programa de actividades en México y Brasil. La meta es lograr una producción de entre 800.000 y 850.000 barriles diarios para 2021[298].

A pesar de todo lo indicado, la economía colombiana sigue creciendo, aunque sea a un ritmo inferior al esperado.

Brasil

Además de la caída de los precios, Brasil tiene que enfrentar otros grandes retos en el manejo de Petrobras. La deuda de Petrobras se ha cuadruplicado en los últimos cinco años y ascendió en 2015 a US$ 128.000 millones. Los vencimientos en los próximos dos años llegan a US$ 24.000 millones (Levis y Millard, 2015). Dados los precios del petróleo, los escasos rendimientos de la empresa, la debilidad de la moneda brasilera y los problemas fiscales del Gobierno, la situación es muy seria. Moody's, Standard & Poor's y Fitch han rebajado los bonos de Petrobras a sus peores categorías, pero los acreedores confían en que el gobierno de Brasil no permitirá la caída de su empresa más importante.

Petrobras, que también cambió de presidente, ha anunciado la suspensión de dividendos y un recorte de US$ 32.000 millones en su plan quinquenal de inversiones, lo que conducirá a una disminución en la producción, un plan de venta de activos, la reducción de costos y la búsqueda, muy difícil, de refinanciamientos.

Ante los rezagos en la explotación de El Presal, debido a las condiciones impuestas por el Estado a la participación de empresas extranjeras, el Senado de la Unión aprobó una reforma de la Ley de Presal que hace más viable el desarrollo de proyectos en ese yacimiento. La reforma elimina tanto la presencia obligatoria de Petrobras como operador de los campos como la necesidad de que la empresa tenga al menos 30% de participación en cualquier operación.

La aprobación de dicha ley por la cámara baja parece proba-

---

298 Intervención del Presidente de Ecopetrol en CeraWeek 2016, 24 de febrero.

ble[299]. De cualquier manera, hay una intención clara y pública de cambiar el marco regulatorio[300] y así contribuir a adaptarse a las nuevas condiciones antes de la siguiente ronda de licitaciones.

Por ahora, para enfrentar la crisis que atraviesa, Petrobras ha venido haciendo grandes esfuerzos para reducir sus costos y ha negociado la venta de sus usinas térmicas y plantas de fertilizantes, entre otros activos.

Venezuela

Es sin duda el país más afectado por la caída de los precios. La cesta venezolana terminó 2015 en US$ 29,15, viniendo de US$ 49,52 en 2014 y de US$ 97,09 en 2013. Esto significa que ha perdido 69% en su precio desde 2014. El país tiene la tasa de inflación más alta del mundo y el producto interno cayó el año pasado en 8%. La situación de Venezuela en el mercado mundial también ha venido desmejorando (Ramírez, 2014). Para el momento de la fundación de la OPEP en 1960, Venezuela significaba el 36% de la producción de esa organización. En 2014 ese porcentaje había descendido al 2,8%. Por otra parte, la deuda de Pdvsa —que ascendía en 2001 a US$ 7.500 millones— llegó a comienzos de 2015 a US$ 100.000 millones (incluyendo deuda externa y deuda interna).

El petróleo representa más de 95% de las exportaciones y más de la mitad del ingreso público. Venezuela importa buen parte de los alimentos que consume y tiene que servir, en el 2016, más de US$ 16.000 millones de deuda pública. Como ya hemos visto, de los cuatro países en estudio, es el que ha adoptado el modelo más cerrado.

Pdvsa no ha anunciado ningún cambio general de estrategia.

---

299 Visítese la página http://www.jonesday.com/relief-for-petrobras-changes-to-brazils-presal-legislation-03-08-2016/.

300 Véase http://oilprice.com/energy/crude-oil/the-worlds-biggest-oil-discovery-just-opened-for-foreign-ownership.html.

Sin embargo, la crisis financiera ha conducido a negociaciones para incrementar la participación de los socios en las asociaciones. En febrero de 2016 el Ministerio de Energía y Petróleo anunció la firma de un convenio entre Pdvsa y la empresa Rosneft. Mediante ese nuevo contrato, la empresa rusa incrementa su participación en Petromonagas (subsidiaria de Pdvsa) de 16,47 a 40% y podrá disponer del petróleo que produzca, por lo cual pagaría US$ 500 millones. El acuerdo, según la Ley de Hidrocarburos, debió ser autorizado por la Asamblea Nacional y por ello la Comisión de Energía y Petróleo del cuerpo legislativo decidió abrir una investigación (*Diario El Impulso*, 2016). Se ha informado que existen negociaciones similares con CNPC[301].

El entonces ministro de Petróleo Eulogio del Pino anunció la preparación, por parte de Pdvsa, de su plan estratégico 2016-2024. Adelantó poco con relación al contenido del mismo, pero sí informó sobre la metodología que se va a emplear: "El proceso normalmente se realizaba de forma corporativa, pero ahora será protagónico y socialista". Se prevé armar mesas de trabajo para consultar con los más de 150.000 trabajadores de la empresa en torno a temas estratégicos como reimpulsar los valores y principios socialistas, posicionar a Pdvsa como empresa de crudos pesados, diversificación de mercado e integración regional (Petrocaribe, Alba, etc.). También mencionó temas como eficiencia operativa y preservación del medio ambiente (Flores, Baquero y Bellorín, 2015).

En el área internacional, Venezuela no ha anunciado cambios importantes en lo relativo a sus programas de cooperación. El suministro en condiciones extremadamente preferenciales de 100.000 barriles diarios a Cuba se mantiene, así como los acuerdos con Petrocaribe.

En febrero de 2016, el gobierno del presidente Nicolás Maduro

---

301   Véase http://news.xinhuanet.com/english/2016-08/06/c_135570506.htm.

tomó una decisión trascendente: por primera vez en 20 años se efectuó un aumento del precio de la gasolina, que era, y sigue siendo después del incremento, el más bajo del mundo. Esta medida tiene, sin duda, un impacto favorable en las finanzas de Pdvsa, que vendía el combustible a precios muchísimo más bajos que los costos de pro- ducción. Debe recordarse que los subsidios indiscriminados a los precios de la gasolina son altamente regresivos, pues benefician a quienes consumen más energía, que son normalmente los sectores de mayores ingresos.

Frente a la caída de los precios, la acción de las autorizadas venezolanas se ha centrado igualmente en la OPEP. El gobierno de Nicolás Maduro ha planteado recortes de producción que han sido rechazados por los más importantes socios de la organización. Lo más que ha podido lograr es un posible acuerdo en cuanto a su congelamiento en los niveles actuales.

Como se dijo en el capítulo 6, estamos viviendo un ciclo de precios bajos, propicio para la apertura. Los cuatro países en estudio lo reflejan. Colombia y México con mayor énfasis; Brasil lo hace también con relación a la explotación de El Presal, pero está muy golpeado por la crisis económica y política. Venezuela se inclina también en ese sentido con mayor timidez, mucha opacidad y con menos credibilidad.

Excremento del diablo o boleto de lotería

Juan Pablo Pérez Alfonzo, quien fue ministro de Energía y Minas de Venezuela y uno de los creadores de la OPEP, escribió un libro intitulado *Hundiéndonos en el excremento del diablo*, en el cual denunciaba el carácter parasitario de la economía venezolana, la tendencia al despilfarro y el crecimiento de la corrupción. Pérez Alfonzo atribuía estos males a la abundancia generada por la explotación petrolera y en especial por los altos precios que se alcanzaron como consecuencia de la crisis de 1973 en el Medio Oriente.

Treinta y cuatro años más tarde, en 2007, y en ocasión del descubrimiento, frente a las costas de Río de Janeiro, de inmensas reservas de petróleo a 18.000 pies de profundidad, el presidente Luiz Inácio Lula da Silva declaró que su país acababa de encontrar un boleto de lotería ganador.

¿Qué conclusiones se pueden sacar de estas dos opiniones, no necesariamente contradictorias?

No es este el lugar para reiniciar la discusión sobre los efectos perversos de la abundancia de recursos naturales y su relación con la pobreza de los países (Manzano, 2014). Basta con recordar que durante buena parte de la segunda mitad del siglo XX se estudió la llamada "enfermedad holandesa", que consiste en la consecuencia negativa de la abundancia de materias primas, que era perjudicial para el desarrollo. En fechas más recientes, muchos estudios demostraron lo contrario, evidenciando el impacto favorable de los recursos naturales sobre el desarrollo[302].

Lenin H. Balza, Ramón Espinasa y Raúl Jiménez Mori analizan estas diferencias y, al comparar la literatura respectiva, les queda claro que las experiencias exitosas de desarrollo en países ricos en recursos naturales indican el rol de factores muy diversos y señalan que un factor crítico para el buen aprovechamiento de esas riquezas es un diseño adecuado del marco institucional (Balza, Espinasa y Jiménez Mori, 2014: 384).

En el estudio relativo a la vinculación que existe entre recursos naturales abundantes y crecimiento sostenido de la economía, muchos coinciden en resaltar el rol de las instituciones. Se sostiene que los recursos naturales pueden producir daños en las instituciones, especialmente si estas carecen de fortaleza, y ocurre entonces que la debilidad institucional afecta el crecimiento de la economía. Tam- bién se constata que algunos países manejan

---

302   Manzano (2014: 88 y 89): "La evidencia muestra que las políticas macro desempeñan un rol importante en las fluctuaciones macroeconómicas en los mercados emergentes. Además, sugiere que la volatilidad en los países productores de materias primas no es diferente de la de otros países emergentes, lo cual fortalece los argumentos a favor de las mejoras en la política macroeconómica". Véase *ibidem*, p. 94.

mejor que otros los ciclos de precios de las *commodities*.

Un estudio del Banco Mundial (Sinnot, Nash y De la Torre, 2010) revela que si bien no existen evidencias empíricas de que las consecuencias negativas de la abundancia de recursos naturales es una consecuencia inevitable de malas instituciones, la experiencia enseña que el desarrollo económico puede verse afectado cuando altos ingresos provenientes de los recursos naturales dañan las instituciones existentes (*op. cit.*: 23 de la versión en español):

> En el núcleo de la historia institucional está el potencial que tienen las ganancias extraordinarias grandes y volátiles, que la mayoría de las veces provienen de los minerales, particularmente el petróleo, de corromper el proceso político, ocasionando el padrinazgo, la búsqueda de rentas (*rent seeking*) y, en casos extremos, la inestabilidad política y los conflictos violentos. Para administrar bien estos recursos naturales y estas ganancias extraordinarias —sujetas como están a la volatilidad—, los gobiernos deben asumir un compromiso responsable con los ciudadanos de hacer un buen uso de ellos a lo largo del tiempo (...)
>
> (...) Ciertamente ha habido muchos casos en la historia de América Latina y el Caribe en los que las ganancias extraordinarias provenientes de los recursos han motivado un comportamiento autocrático o han corrompido el control institucional del gasto durante una bonanza y han producido desolación en la recesión resultante.

Es muy importante, a la hora de examinar la calidad institucional y su influencia en el aprovechamiento exitoso de la renta petrolera, determinar de qué instituciones se trata. Balza, Espinasa y Jiménez Mori (2014) destacan el valor meramente aproximado e inadecuado que tienen los indicadores de calidad institucional general, por no poner énfasis en las instituciones específicas relevantes para el desempeño del sector petrolero (*op. cit.*: 402). En el presente estudio tratamos de focalizar las instituciones que son efectivamente relevantes.

En la medida en que la actividad petrolera está sometida a intervenciones discrecionales de los gobiernos, escapa entonces al escrutinio público, evade los controles parlamentarios, judiciales y administrativos, y se produce impunidad.

En los procesos de cambio que hemos analizado, cuando los modelos abiertos sustituyen a los modelos cerrados, la transparencia y la rendición de cuentas se constituyen en obstáculos importantes al enriquecimiento ilícito, al clientelismo y al despilfarro. De manera inversa, cuando los modelos se cierran, las prácticas irregulares se incrementan y los resultados, medidos en múltiples variables y en distintos avientes, no son satisfactorios y menos aún en situaciones de bajos precios.

Por tanto, la constatación más importante que podemos sacar de este estudio es la siguiente: el marco institucional es un elemento fundamental para el crecimiento y desarrollo de la industria petrolera. Los marcos regulatorios pueden llevar consigo reglas de juego claras, condiciones fiscales atractivas, seguridad jurídica y numerosos estímulos para la inversión en exploración, explotación y comercio del petróleo. Los modelos abiertos son la puerta de acceso al "boleto de lotería" al que se refería el presidente Lula y los modelos cerrados ayudan mucho a transformar el petróleo en "excremento del diablo".

Bibliografía

Acemoglu, D. y J. Robinson. 2012. *Why Nations Fail, The Origin of Power, Prosperity and Poverty*. Nueva York: Crown Business/Random House.

Álvarez de la Borda, J. 2005. *Los orígenes de la industria petrolera en México, 1900-1925*. Ciudad de México: Archivo Histórico de Petróleos Mexicanos (Pemex).

Anderson et al. 2014. *Regulación de la inversión extranjera en América Latina. Regulaciones y opciones para reformas al clima de inversión*. Caracas: CAF.

Badell Madrid, R. 2005. "La inmunidad de jurisdicción y el arbitraje en los contratos del Estado". Conferencia presentada en las VIII Jornadas Internacionales de Derecho Administrativo Allan Brewer-Carías, Caracas, 11 de noviembre.

Balza, L. y R. Espinasa. 2015. "Oil Sector Performance and Institutions". Nota técnica N° IDB-TN-724 (diciembre). Washington, DC: BID. Disponible en https://publications. iadb.org/handle/11319/6759.

Balza, L., R. Espinasa y R. Jiménez Mori. 2014. "La transformación de la abundancia petrolera y desempeño sectorial: ¿cuáles son las instituciones que de verdad importan?" (capítulo 11). En: *Gobernanza con transparencia en tiempos de abundancia. Experiencias de las industrias extractivas en América Latina y el Caribe*, p. 384. Washington, DC: BID. Disponible en: https:// publications.iadb.org/bitstream/ handle/11319/6681/Gobernanza_con_Transparencia_en_ Tiempos_de_ Abundancia.pdf?sequence=4.

BID (Banco Interamericano de Desarrollo). 2013. "Prefeasibility Study of the Potential Market for Natural Gas as a Fuel for Power Generation in the Caribbean". Washington, DC: BID. Disponible en: https://publications.iadb.org/handle/11319/6015.

———. 2015a. "Natural Gas in the Caribbean: Feasibility Studies" (volumen I). Washington, DC: BID. Documento preparado por el Castalia Advisory Group. Disponible en: http://www.iadb.org/Document.cfm?id=39205253.

———. 2015b. "Natural Gas in the Caribbean: Feasibility Studies" (volumen II, apéndices.) Washington, DC: BID. Documento preparado por el Castalia Advisory Group. Disponible en: http://www.iadb.org/Document.cfm?id=39205318.

Blanco Balín, R. 2003. "El sector de hidrocarburos de Brasil". *Revista ICE*. Disponible en: http://www.revistasice.com/CachePDF/ICE_810_163-179_ 07DC6F3C5CD96AB6 229014E9032C089D.pdf.

Boué, C. 2003. "El programa de internacionalización". En: L. Lander (ed.), *Poder y Petróleo*. Caracas: UCV/Pdvsa.

Brewer Carías, A. R. 2004. *La Constitución de 1999. Derecho Constitucional venezolano*. Caracas: Editorial Jurídica Venezolana.

———. 2015. "El derecho administrativo comparado". *Revista Electrónica de Derecho Administrativo*, N° 4 (abril).

Buenahora, G. 1971. *La comuna de Barranca*. Bogotá: Editorial Leipzig.

Caballero Argáez, C. y A. Amaya Parra. 2011. "La fundación de Ecopetrol o el pragmatismo de la clase dirigente colombiana". En: J. Benavides (ed.), *Ecopetrol, energía limpia para el futuro*, capítulo 2. Bogotá: Villegas Editores.

CAF (Corporación Andina de Fomento). 2013. *Energía: una visión sobre los retos y oportunidades en América Latina y el Caribe*. Disponible en: http://www.caf.com/_custom/static/

agenda_energia/assets/caf_agenda_energia_vision.pdf.

Cámara Petrolera de Venezuela. 2016. "Resumen de prensa del 22 de febrero". Disponible en: http://www.camarapetrolera.org/wp-content/uploads/2016/02/Resumen-de-prensa-22-02-2016.pdf.

Campetrol (Cámara Colombiana de Bienes y Servicios Petroleros). 2015. "Carga tributaria del sector petrolero colombiano. Gráfico de la semana". Preparado por J. L. Langer (14 de mayo). Fuente: Comisión Económica para América Latina y el Caribe (Cepal). Disponible en: http://campetrol.org/wp-content/uploads/GDS/2015/mayo/GDS-20150514-2.pdf.

Campizo, J. 2011. "La reforma constitucional en México, procedimiento y realidad". Universidad Nacional Autónoma de México, *Boletín Mexicano de Derecho Comparado*, año XLIV, N° 131, mayo-agosto.

Campodónico, H. 2004. *Reformas e inversión en la industria de hidrocarburos de*

América Latina. Chile: Cepal, División de Recursos Naturales e Infraestructura. Disponible en: http://archivo.cepal.org/pdfs/2004/S0410784.pdf.

Canavire-Bacarreza et al. 2013. *Taxation and Economic Growth in Latin America*. Washington, DC: BID. Disponible en: https://publications.iadb.org/handle/11319/4583.

Cancino Gómez, R. 2011. "Régimen jurídico de la inversión extranjera en México". *Revista de la Facultad de Derecho de México*, UNAM, vol. 61 (255).

Cárdenas, J. C. 2008. "Constitución y reforma petrolera". *Boletín Mexicano de Derecho Comparado*. Ciudad de México: Instituto de Investigaciones Jurídicas de la Universidad Nacional Autónoma de México.

Cárdenas, J. C. y J. C. Barrios. 2005. ¿Es atractiva la contratación petrolera para la inversión privada en Colombia? Bogotá: Universidad Nacional de Colombia, Facultad de Ciencias

Económicas. Disponible en: http://www.cid.unal.edu.co/ files/publications/cid200510maatin.pdf.

Carrera Damas, G. 2010. *Colombia, 1821-1827: aprender a edificar una república moderna*. Caracas: Universidad Central de Venezuela.

Casas-Alatriste, J. A. y R. Espinasa. 2015. *Reforma energética y contenido local en México. Efectos en el sector hidrocarburos.* Washington, DC: BID. Disponible en: https://publications. iadb.org/handle/11319/6886?locale-attribute=es.

CEFP (Centro de Estudios de las Finanzas Públicas). 2014. *Reforma energética. Principales modificaciones al régimen fiscal en materia de hidrocarburos.* Ciudad de México: CEFP. Disponible en: http://www.cefp. gob.mx/publicaciones/ documento/2014/septiembre/cefp0112014.pdf.

Cepal (Comisión Económica para América Latina y el Caribe) y Unasur (Unión de Naciones Suramericanas). 2013. *Recursos naturales en Unasur: situación y tendencias para una agenda de desarrollo regional.* Santiago de Chile: Naciones Unidas. Disponible en: http://repositorio.cepal.org/bitstream/handle/11362/3116/ S2013072_es.pdf?sequence=1.

Chauhan, V., M. van Mourik y P. Florencio. 2014. *Challenges Across Brazil's Oil Sector and Prospects for Future Production.* The Oxford Institute for Energy Studies.

Clavellina Miller, J. L. 2014. "Reforma energética. ¿Era realmente necesaria?". *Revista Economía Informa* N° 385 (marzo y abril). Disponible en: http://www.sciencedirect.com/science/article/pii/S0185084914704177.

Colfecar (Federación Colombiana de Transportadores de Carga por Carretera). 2014. *Fondos de ahorro en el exterior. Estudios económicos.* Buenaventura, Valle del Cauca: Colfecar.

Contreras López, P. A. 2014. *Reforma energética. Principales modificaciones al régimen fiscal en materia de hidrocarburos.* Ciudad de México: Centro de Estudios de las Finanzas

Públicas y la Cámara de Diputados. Disponible en: http://www.cefp.gob.mx/publicaciones/documento/2014/septiembre/cefp0112014.pdf.

Coronel, G. 1983. *Nationalization of the Venezuelan Oil Industry: From Technocratic Success to Political Failure*. Lexington-Toronto: Lexington books.

———. 2012. "The Venezuelan Elections: How Can Pdvsa Recover?". *Journal of Energy Security*, agosto.

———. 2013. "Análisis del Plan de la Patria". Entrada de blog disponible en: http://lasarmasdecoronel.blogspot.com/2013/05/analisis-del-plan-de-la-patria.html.

———. 2015. Blog Las Armas de Coronel, "Tres escenarios sobre el desarrollo de la Faja del Orinoco", entrada del 9 de octubre.

Corrales, J. 2005. "The Logic of Extremism: How Chávez Gains by Giving Cuba So Much". Cuban Research Institute de Florida International University y The Inter-American Dialogue (encuentro Cuba, Venezuela and the Americas: A Changing Landscape, Washington DC, diciembre de 2005).

Da Mota Veiga, P. y S. P. Ríos. 2009. *A crescente importancia do desenvolvimento sustentável na agenda comercial do Brasil*. Rio de Janeiro: Centro de Estudos de Integração e Desenvolvimento (Cindes).

Dallen. 2015. "Venezuela - Crunch Time Arrives as Reserves Hit 12 Year Low". En el sitio Latinvest, 21 de octubre.

De la Fuente López, A. s/f. *La explotación de los hidrocarburos y los minerales en México: un análisis corporativo*. Heinrich Böll Stiftung. Disponible en: https://mx.boell.org/sites/default/files/estudio_aroa_de_la_fuente.pdf.

Deloitte. 2014. *La carga fiscal sobre hidrocarburos en la legislación secundaria sobre la Reforma Energética de México*. Disponible en: https://www2.deloitte.com/content/dam/Deloitte/mx/Documents/tax/Reforma-Energetica-Hidrocarburos.pdf.

Diario El Impulso. 2016. "Asamblea Nacional investigará acuerdo entre Pdvsa y Rosneft". 24 de febrero.

Díaz, L. M. y A. Garza. 1993. "Los mecanismos para la solución de controversias del Tratado de Libre Comercio de América del Norte". *Revista de Investigaciones Jurídicas.* Ciudad de México: Escuela Libre de Derecho.

Dirección de Regalías. 2007. Actualización de la cartilla "Las Regalías en Colombia". Bogotá: Departamento Nacional de Planeación. Disponible en: https://colaboracion.dnp.gov.co/CDT/Prensa/Publicaciones/Cartilla_las_regal%C3%ADa_en _colombia2008.pdf.

Durán, R. 2014. "Oil Industry in Brazil". *The Brazil Business* (enero).

Echeverry, J. C., J. Navas, V. Navas y M. P. Gómez. 2008. *Oil in Colombia: History, Regulation and Macroeconomic Impact.* Bogotá: Uniandes.

Ernst & Young. 2014. *Guía legal para hacer negocios en Colombia 2014.* Disponible en: http://www.ey.com/CO/es/Newsroom/Gu%C3%ADa-Legal-para-Hacer-Negocios-en-Colombia-2014.

———. 2015. *Global Oil and Gas Tax Guide.* Disponible en: http://www.ey.com/Publication/vwLUAssets/EY-2015-Global-oil-and-gas-tax-guide/$FILE/EY-2015-Global-oil-and- gas-tax-guide.pdf.

Espinasa, R. 2016. "Nuevo modelo, viejo precio". Documento de trabajo del BID. Washington, DC: BID. Disponible en: https://publications.iadb.org/handle/11319/6987.

Espinasa, R., L. Balza, C. Hinestrosa y C. Sucre. 2014. Dossier energético N° 7, México. (Actualizado.) Washington, DC: BID.

Espinasa, R. y Sucre, C. 2015. "Cheap Oil? Making Sense of a Competitive Oil Market". Documento de trabajo del BID. Washington, DC: BID. Disponible en: https://publications.iadb.org/handle/11319/6987.

Espino, E. y M. González-Rozada. 2015. *On the Implications of Taxation for Investment, Savings and Growth: Evidence from Brazil, Chile and Mexico.* Washington, DC: BID. Disponible en: http://www.iadb.org/en/research-and-data/publication-details,3169.html?pub_id=IDB-WP-560.

Facultad de Derecho, Universidad Nacional e ILSA (Instituto Latinoamericano para una Sociedad y un Derecho Alternativos, Constitución y Modelo Económico). 2001. Seminario: Diez años de la Constitución colombiana, 1991-2001. Debate de evaluación. Bogotá, 14 y 15 de junio de 2001.

Figueiredo, M. 2008. "La evolución político-constitucional de Brasil". *Estudios Constitucionales*, año 6, N° 2, pp. 209-246. Centro de Estudios Constitucionales de Chile, Universidad de Talca. Disponible en: http://www.scielo.cl/pdf/estconst/v6n2/ art08.pdf.

FMI (Fondo Monetario Internacional). 2015a. "The U.S. Oil Supply Revolution and the Global Economy". Documento de trabajo WP/15/259. Washington, DC: FMI. Disponible en http://www.imf.org/external/pubs/ft/wp/2015/wp15259.pdf.

———. 2015b. "Global Implications of Lower Oil Prices". SDN/15/15. Washington, DC: FMI. Disponible en https://www.imf.org/external/pubs/ft/sdn/2015/sdn1515.pdf.

Flores, A. I., G. Baquero y C. Bellorín. 2015. "América Latina ya renovó sus estrategias petroleras. ¿Qué pasa con Venezuela?". Prodavinci, 15 de junio de 2015.

Fukuyama, F. 2011. *The Origins of Political Order.* Nueva York: Farrar, Straus and Giroux.

———. 2014. *Political Order and Political Decay.* Nueva York: Farrar, Straus and Giroux.

García Mora, M. 1950. "The Calvo Clause in Latin American Constitutions and International Law". *Marquette Law Review*, vol. 33, N° 4. Disponible en: http://scholarship.law.marquette.edu/cgi/viewcontent.cgi?article=3399&context=mulr.

García Pelayo, M. 1993. *Derecho constitucional comparado*. Madrid: Alianza Editorial.

Graham, D. E. 1971. "The Calvo Clause. Its Current Status as a Contractual Renunciation of Diplomatic Protection". Texas International Law Forum.

Grisanti, L. X. 2015. "Un nuevo paradigma energético". En: *Venezuela: ilusión, realidad o ficción*. Caracas: Fundación Venezuela Positiva.

Guía/Reporte de la Economía. 2007. "Chávez decretó la muerte de la apertura petrolera que se inició en Venezuela en la década de los años 90". 2 de mayo.

Harwich Vallenilla, N. 1992. *Asfalto y revolución: la New York & Bermudez Company*. Caracas: Fundación para el Rescate del Acervo Histórico Venezolano y Monte Ávila Editores.

Hernández, J. I. 2015. "A 40 años de la nacionalización petrolera". Prodavinci, 29 de agosto.

Hernández González, J. I. 2006. *Derecho administrativo y regulación económica* (primera edición). Caracas: Editorial Jurídica Venezolana.

Huntington, S. P. 1968. *Political Order in Changing Societies*. New Haven y Londres: Yale University Press http://projects.iq.harvard.edu/gov2126/files/huntington_political_order_changing_soc.pdf.

IEA (International Energy Agency). 2015. World Energy Outlook 2015. Disponible en: www.iea.org/books; http://www.worldenergyoutlook.org/.

Instituto de Investigaciones Jurídicas, UNAM, Instituto Iberoamericano de Derecho Constitucional y Cámara de Diputados del Congreso de la Unión. 2014. Constitución de los Estados Unidos Mexicanos. Texto reordenado y consolidado. Ciudad de México.

Inteligencia Petrolera. 2015. "Petrolera colombiana lanza nueva estrategia: la reinvención de Ecopetrol". 26 de mayo.

Disponible en: http://inteligenciapetrolera.com.co/inicio/
petrolera-colombiana-lanza-nueva-estrategia-la-reinven-
cion-de-ecopetrol/.

Jarach, D. 1993. *Finanzas públicas y derecho tributario* (segunda
edición). Buenos Aires: Editorial Cangallo.

Kaufmann, D., A. Kraay y P. Zoido-Lobatón. 1999. "Governance
Matters". Documento de trabajo de investigación de políticas N° 2.196. Washington, DC: Banco Mundial. Disponible
en: www.worldbank.org/wbi/-.

———. "Governance Matters. From Measurement to Action". 2000.
Washington, DC: FMI. Disponible en: https://www.imf.org/
external/pubs/ft/fandd/2000/06/pdf/kauf.pdf.

Keynes, J. M. 1923. *A Tract on Monetary Reform*, cap. 3, p. 80.
Londres: Macmillan & Co.

KPMG. 2011. *A Guide to Brazilian Oil & Gas Taxation*. Disponible
en: www.kpmglaw.no/document-file4072.

———. 2014a. *Modificación de la Ley de Hidrocarburos.
Comparación con la legislación de Brasil y* México y efectos
a futuro. Disponible en: https://www.kpmg.com/AR/es/
foro-energia/enfoques/impuestos-aspectos-regulatorios/
Documents/Modificacion-de-la-Ley-de-Hidrocarburos.pdf.

———. 2014b. *Reforma energética. La nueva realidad en
México*. Disponible en: ht tps://www.kpmg.com/MX/es/
PublisingImages/E-mails-externos/2015/reforma-energeti-
ca-nueva-realidad/Reforma-Energetica-realidadMexico.pdf.

Jacobsen, K. 2006. *The Business History Review*, vol. 80, N° 1 (pri-
mavera), pp.151-155.

Levis, J. y P. Millard. 2015. "Petrobras' Dangerous Debt Math: $24
Billion Owed in 24 Months". *Bloomberg Business*, 18 de noviembre. Disponible en: http://www. bloomberg.com/news/
articles/2015-11-19/the-boys-from-the-bank-of-brazil-race-
petrobras-debt-clock.

López, E. E. Montes y A. Garavito. 2012. "La economía petrolera en Colombia (Parte I). Marco legal-contractual y principales eslabones de la cadena de producción (1920-2010)". *Borradores de Economía*, N° 692. Bogotá: Banco de la República. Disponible en: http://www.banrep.gov.co/ docum/ftp/borra692.pdf.

López Prieto, L. 2015. "Colombia quiere reducir la fiscalidad del petróleo". Disponible en: http://www.energia16.com/mercados/america-latina/colombia-quiere-reducir-la-carga-fiscal-de-los-hidrocarburos.

Loynes de Fumichon, B. de. 2013. "Introduction au droit comparé". *Journal de Droit Comparé du Pacifique*, Collection Ex Professo, volumen II.

Manzano, O. 2014. "De la teoría de la dependencia a la gobernanza local: evolución de las investigaciones sobre las industrias extractivas y el desarrollo". En: *Gobernanza con transparencia en tiempos de abundancia. Experiencias de las industrias extractivas en América Latina y el Caribe*, p. 83 y ss. Washington, DC: BID. Disponible en: https://publications.iadb.org/bitstream/handle/11319/6681/Gobernanza_con_Transparencia_en_Tiempos_de_Abundancia.pdf?sequence=4.

Martínez Ahrens, J. 2016. "Pemex sufre la mayor pérdida financiera de su historia: 30.000 millones de dólares en 2015", *Diario El País*, 29 de febrero.

Martínez Roldán, L. y J. A. Fernández Suárez. 1997. *Curso de teoría del Derecho*. Barcelona: Ariel.

Maurer, N. y A. Musacchio. 2012. "Pemex (A): In a Free Fall?". Cambridge, Harvard Business School Case 713S051, diciembre de 2012 (revisado en enero de 2013).

McBeth, B. S. 1983. *Juan Vicente Gómez and the Oil Companies in Venezuela, 1908-1935*. Cambridge, MA: Cambridge Latin American Studies (N° 43), Cambridge University Press.

Mendoza Potellá, C. 2012. *Nacionalismo venezolano en cuatro décadas*. Maracaibo, Venezuela: Universidad del Zulia.

Mommer, B. 2003. "Petróleo subversivo". En: S. Ellner y D. Hellinger (eds.), *Venezuelan Politics in the Chávez Era. Class, Polarization & Conflict*, Boulder-London, Lynne Rienner Publishers.

Monaldi, F. 2005. "Gobernabilidad y contratación en el sector hidrocarburos de la Comunidad Andina". Documento realizado como parte del Proyecto "Cooperación energética hemisférica: un examen de la contribución potencial del sector hidrocarburos de la Comunidad Andina de Naciones", adelantado por la Corporación Andina de Fomento y el Banco Interamericano de Desarrollo. Disponible en: http://www.caf.com/media/3271/F.Monaldi.pdf.

———. 2015a. "Latin America's Oil and Gas. After the Boom, a New Liberalization Cycle?". *Harvard Review of Latin America. Energy Oil, Gas and Beyond*, Cambridge (otoño).

———. 2015b. "The Impact of the Decline in Oil Prices on the Economics, Politics and Oil Industry of Venezuela". Columbia, Center on Global Energy Policy y School of International and Public Affairs (septiembre).

———. 2015c. "La reforma petrolera mexicana". Prodavinci (30 de agosto).

Mortimore, M. 2009. *Arbitraje internacional basado en cláusulas de solución de controversias entre los inversionistas y el Estado en acuerdos internacionales de inversión: desafíos para América Latina y el Caribe*. Santiago de Chile: Cepal.

Motta Veiga, P. y S. A. Ríos. 2009. *A crescente importancia do desenvolvimento sustentável na agenda comercial do Brasil*. Rio de Janeiro: Cindes. Disponible en: http://www.iisd.org/sites/default/files/publications/ tkn_trade_south_america_pt.pdf.

Musacchio, A. 2015. *State-Owned Enterprise Reform in Latin America. Issues and Possible Solutions*. Washington, DC:

BID. Disponible en: https://publications.iadb.org/bits-
tream/handle/11319/7181/FMM%20DP_State-Owned_
Enterprise_Reform_in_ Latin_America.pdf?sequence=1.

Musik Asali, G., R. Espinasa y M. Walter. 2015. *Reforma energética y contenido local en México. Efectos en el sector hidrocarburos.* Washington, DC: BID. Disponible en: https://
publications.iadb.org/bitstream/handle/11319/6886/
Final%20Contenido%20Local%20-%20Hidrocaburos%20
-%20ESPANOL%2004-MARZO-2015.pdf?sequence=1.

North, D. 1990. *Institutions, Institutional Changes and Economic
Performances.* Nueva York: Cambridge University Press.

O'Connor, R. 2015. *Mexico's Energy Reform: Bridging the Skills
Gap.* Energy Policy Brief, The Dialogue, Washington, DC
(junio).

Oil and Gas Investor. 2015. "Round One in Mexico Disappoints".
15 de junio.

Olade (Organización Latinoamericana de Energía). 2010.
*Contratos de exploración y explotación de hidrocarbu-
ros: América del Sur 2009.* Quito: Olade. Disponible en:
http://www.olade.org/sites/default/files/publicaciones/
CONTRATO.pdf.

Olivera, M., S. Cortés y T. Aguilar. 2013. *Ingresos fiscales por explotación de recursos naturales en Colombia.* Washington,
DC: BID. Disponible en: https://publications.iadb.org/bits-
tream/handle/11319/1506/RRNN_Colombia.pdf.

OMC (Organización Mundial de Comercio). 2009. *Brazil, Trade
Policy Review.* Ginebra: Secretaría de la OMC.

Ossowski, R. 2013. *Fiscal Rules and Resource Funds in
Nonrenewable Resource Exporting Countries: International
Experience.* Washington, DC: BID. Disponible en: https://pu-
blications.iadb.org/handle/11319/5748?locale-attribute=es.

Otero Prada, D. 2007. *Marcos regulatorios y el rol de las empresas estatales de hidrocarburos. Estudio de caso: Colombia.*

Quito: Olade. Disponible en: http://www 2.congreso.gob.pe/
sicr/cendocbib/con4_uibd.nsf/DEC2BF94055B8A8805257
B6D004D2088/$FILE/ESTUDIOCASOCOLOMBIA.pdf.

Palazzo, L. y Parente, A. V. s/f. "Oil & Gas Industry in Brazil: A
Brief History and Legal Framework". Energy Program,
Universidad de Sao Paulo (IEE/ USP).

Parra Luzardo, G. 2009. *De la nacionalización al derrumbe de la
apertura petrolera*. Caracas: Banco Central de Venezuela.

Payán, T. y G. Correa Cabrera. 2014. *Energy Reform and Security
in Northeastern Mexico*, Rice University's Baker Institute,
Issue Brief 05/06/14.

Pemex (Petróleos Mexicanos). 2014. *Reforma energética en
México y Pemex como empresa productiva del Estado.*
Disponible en: http://www.pemex.com/ri/herramien- tas/
Presentaciones%20Archivos/201409_ EPS_esp.pdf

Pires Machado, L. F. 2013. *Convocación de una Asamblea
Constituyente para el Brasil: solución para reforma política
brasileña o formalidad dispendiosa e innecesaria*. Buenos
Aires: Editorial UMSA.

Practical Law. 2013. "Oil and Gas Regulation in Brazil: Overview".
Practical Law, a Thompson Reuters Legal Solution, disponible: en http://uk.practicallaw.com/2-524-2451?q=*&-
qp=&qo=&qe=#a595972.

Presidencia de la República de los Estados Unidos Mexicanos.
2014. Proyecto de Ley de Ingresos sobre Hidrocarburos de
México. Ciudad de México: Gobierno de México. Disponible
en: http://cdn.reformaenergetica.gob.mx/7-ley-de-ingresos-
sobre-hidro- carburos.pdf.

PwC (PricewaterhouseCoopers). 2014. "Reforma energética.
Resumen del proyecto de decreto que expide las leyes secundarias en materia de hidrocarburos". Ciudad de México:
PwC. Disponible en: http://www.pwc.com/ mx/es/indus-
trias/archivo/2014-05-secundarias-hidrocarburos.pdf.

Quinche Ramírez, M. F. 2012. *Derecho constitucional colombiano: de la carta de 1991 y sus reformas* (quinta edición revisada y actualizada.) Bogotá: Temis.

Ramírez, E. 2010. *La indoblegable sociedad venezolana. Relatos de un petrolero*. Caracas: Libros de El Nacional.

———. 2014. "La situación petrolera", *El Nacional*, 16/12/2014.

Ramírez, E. y R. Gallego. 2015. *Petróleo y gas, el caso Venezuela*. Caracas: Editorial Lector Cómplice.

Ramírez, J. C. (coord.), M. Bordón Santiago García, J. P. Mateo y M. J. Paz. 2011. *La explotación de los hidrocarburos y el fomento del desarrollo en América Latina: los casos de Bolivia, Brasil y Ecuador*. Madrid: Grupo de Estudios de Economía Política: Capitalismo y Desarrollo Desigual, Dpto. de Economía Aplicada I, Universidad Complutense de Madrid.

Ramírez Martínez, S. A. 2014a. "El *timing* de la nueva recaudación fiscal petrolera del sector privado". Revista *Puntos Finos* (mayo). México: Thomson Reuters. Disponible en: http://www.dofiscal.net/pdf/doctrina/D_DPF_RV_2014_226-A19.pdf.

———. 2014b. "El régimen fiscal de los contratos petroleros. Los contratos se adjudicarán mediante licitación pública a quien otorgue las mejores condiciones para el Estado". Revista *Energía a Debate*. Disponible en: http://energiaa-debate.com/el-regimen-fiscal-de-los-contratos-petroleros/.

Ribando Seelke, C., M Ratner, M. A. Villareal y P. Brown. 2015. *Mexico's Oil and Gas Sector: Background, Reform Efforts and Implications for the United States*. Congressional Research Service (septiembre).

Ramos, J. 2015. "Fondo petrolero aporta cada vez menos al Gobierno". Revista *Dinero*, 2 de septiembre.

Rodrigues Afonso, J. R. et al. 2013. *Evaluation of the Structure and Performance of the Brazilian Tax System. White Paper on Taxation in Brazil*. Washington, DC: BID. Disponible en: http://idbdocs.iadb.org/wsdocs/getdocument. aspx?docnum=38061058.

Rodríguez, P. 2006. *Petróleo en Venezuela, ayer, hoy y mañana: cinco décadas de historia*. Caracas: Libros de El Nacional.

Rodríguez Sosa, P. L. y L. R. Rodríguez Pardo. 2013. *El petróleo como instrumento de progreso: una nueva relación ciudadano-Estado-petróleo*. Caracas: Ediciones IESA.

Rondón de Sansó, I. 2002. *Adimis fundamentis, análisis de la Constitución venezolana de 1999*. Caracas: Editorial Ex Libris.

Rousseau, I. 2012. "Les compagnies pétrolières latino-américaines peuvent-elles s'affranchir de l'héritage de la nationalisation?". Les études du CERI N° 183, París, enero.

Salcedo Castro, M. 2008. *Proyección y cambios recientes en el arbitraje de contratos públicos en Francia. Estudio comparativo sobre su evolución en Francia y en Colombia*. Bogotá: Cámara de Comercio de Bogotá. Disponible en: http://repository.urosario.edu.co/bitstream/handle/10336/11482/Proyeccion%2 0y%20cambios%20en%20el%20contrato.pdf?sequence=1.

Secretaría de la Presidencia. 1973. Manual de organización del Gobierno federal. Ciudad de México: Secretaría de la Presidencia.

Secretaría Nacional de Energía. 2015. Contenido y avance de la Reforma Energética en materia de exploración y extracción de hidrocarburos, de abril 2015. Presentación del Fondo México del Petróleo intitulada "El FMP y la administración de los ingresos petroleros".

Sinnott, E., J. Nash y A. de la Torre. 2010. *Natural Resources in Latin America and the Caribbean. Beyond Booms and Busts?* Capítulo IV. Washington, DC: Banco Mundial.

Smallman, S. C. 2002. *Fear and Memory in the Brazilian Army and Society, 1889-1954*. Chapel Hill, NC: The University of North Carolina Press.

Soriano Deseusa, M. 2014. *Petróleo y soberanía en México y Colombia, 1905-1942*. Bogotá: Universidad Javeriana.

Staff Reporters. 2014. "Mexico, Colombia and Brazil Energy Reforms and Oil Production Impact". *Mexico Shale Gas Review*, 20 de julio.

Taylor, S. 2013. "The True Meaning of «In the Long Run We Are All Dead»". Entrada del 5 de mayo del blog del autor, disponible en: http://www.simontaylorsblog.com/2013/05/05/the-true-meaning-of-in-the-long-run-we-are-all-dead/.

Vásquez C., H. 1994. "Historia del Petróleo en Colombia". Revista *Eafit*, N° 93, Medellín.

Vieyra, J. C. y M. Masson (eds.). 2014. *Gobernanza con transparencia en tiempos de abundancia. Experiencias de las industrias extractivas en América Latina y el Caribe*. Washington, DC: BID.

Von Wobeser Martínez Vara, A. 2010. *La conveniencia de la adhesión de México al convenio sobre arreglo de diferencias relativas a inversiones entre Estados y nacionales de otros Estados*. Ciudad de México: Escuela Libre de Derecho.

Wirth, J. D. 1970. *The Politics of Brazilian Development, 1930-1954*. Palo Alto, CA: Stanford University Press.

Yanovich Farbaiarz, I. 2010. "Resultados de la transformación de la reforma al sector de hidrocarburos. En: *Memorias de la Renovación del Estado 2002-2010*. Bogotá: Ecopetrol.

Zenteno, J. 1997. "La regulación de los hidrocarburos en México". En: *Regulación del sector energético*. Universidad Nacional Autónoma de México-Secretaría Nacional de Energía, México.

Este libro se terminó de imprimir
el mes de agosto de 2017 en los
talleres de Gráficas Lauki, C.A.

www.ingramcontent.com/pod-product-compliance
Lightning Source LLC
Chambersburg PA
CBHW021921190326
41519CB00009B/874